Nunca é tarde demais

Lowell Sheppard

Nunca é tarde demais
dicas práticas para mudar o curso de sua vida

Tradução
Denise Avalone

© 2005, Lowell Sheppard
Título do original *Never Too Late*
edição publicada por
MONARCH BOOKS
(Oxford, GB & Grand Rapids, EUA)

■

*Todos os direitos em língua portuguesa reservados por
Editora Vida*

PROIBIDA A REPRODUÇÃO POR QUAISQUER MEIOS,
SALVO EM BREVES CITAÇÕES, COM INDICAÇÃO DA FONTE.

Todas as citações bíblicas foram extraídas da
Nova Versão Internacional (NVI),
©2001, publicada por Editora Vida,
salvo indicação em contrário.

■

EDITORA VIDA
Rua Júlio de Castilhos, 280 Belenzinho
CEP 03059-000 São Paulo, SP
Tel.: 0 xx 11 6618 7000
Fax: 0 xx 11 6618 7050
www.editoravida.com.br
www.vidaacademica.net

Editor geral: Solange Monaco
Editor responsável e revisão de provas: Rosa Ferreira
Assistente editorial: Ester Tarrone
Revisão de tradução: Tatiane Souza
Diagramação: Set-up Time
Capa: Arte Peniel

Dados Internacionais de Catalogação na Publicação (CIP)
(Câmara Brasileira do Livro, SP, Brasil)

Sheppard, Lowell
   Nunca é tarde demais : 10 conselhos para mudar o curso de sua vida / Lowell Sheppard ; tradução Denise Avalone. — São Paulo : Editora Vida, 2007.

   Título original: *Never too late*.
   ISBN 978-85-7367-996-0

   1. 1. Auto-realização (Psicologia) 2. Mudanças de vida - Acontecimentos I. Título.

07-5321   CDD-158.1

Índice para catálogo sistemático:
   1. Auto-realização : Psicologia aplicada   158.1

Em memória de GG

Dedicado a Ryan e Mackenzie

Sumário

Agradecimentos	9
Prólogo	11
O despertar	17
1. Navegação	26
2. Amor	36
3. Persistência	48
4. Geografia	61
5. Dinheiro	72
6. Forma física	85
7. Curvas	98
8. Serviço	112
9. Trabalho espiritual	123
10. Tempo	136
Epílogo	146
Pós-escrito	155

Agradecimentos

Sou grato às seguintes pessoas que me ajudaram de alguma forma durante este projeto: Faith Bateman, Jordan Bateman, Matt Hughes, Jeff Kucharski, Scott Moore, Lorna Olson, Annie Pickersgill, Kirstie Sobue, Brent Sheppard e Andrew Westland. Agradeço especialmente a Greta Sheppard, uma colega escritora, minha mãe e colaboradora criativa, e a Tony Collins por acreditar neste projeto e apoiar toda a equipe da Lion Hudson.

Finalmente, sou profundamente grato a Kande, minha esposa, que há muitos anos me acompanha em minhas aventuras. Nem posso imaginar como minha vida seria sem ela.

Prólogo

"O maior perigo que corremos não é estabelecer metas muito altas que não podemos alcançar, mas metas muito baixas que alcançamos facilmente."

MICHELANGELO, ARTISTA DO SÉCULO 16

Foi uma surpresa. Como não sou norte-americano, conhecia muito pouco sobre Benjamin Franklin. Afora o fato de ele ter sido um dos grandes fundadores dos Estados Unidos e ter empinado uma pipa com a intenção declarada de atrair um raio, meu conhecimento a seu respeito era praticamente nulo. Tudo mudou quando completei 50 anos.

A ocasião era a cerimônia de abertura do pavilhão americano na World EXPO em Nagoya, Japão. Três coisas me impressionaram naquele dia: a apresentação emocionante de tocadores de tambor japonês, o *taiko*, a escolha de uma pipa como símbolo americano dado ao tema da EXPO, "Descobrindo a sabedoria da natureza", e um holograma de Benjamin Franklin. Após a apresentação dos tocadores de tambor ao ar livre, durante a qual fiquei admirando a pipa bambolear sobre o palco, Benjamin Franklin guiou-nos até o pavilhão, onde tomamos chuva, fomos atingidos por um raio, ensurdecemos com o barulho do trovão e nos impressionamos com sua irreprimível curiosidade e gosto pela vida e por viver. Saí do pavilhão pensando no quão pouco conhecia sobre esse homem, cujos experimentos com a eletricidade e cujas inovações políticas mudaram o mundo.

Os historiadores nunca souberam como classificar Franklin, cuja inquietação impediu-o de ter uma vida pacata e confortável. O homem nunca parava. A diversidade de sua vida e o alcance de suas realizações são impressionantes. Não havia limite para seu intelecto e seus interesses. Ele não temia as mudanças e sempre aproveitava as oportunidades, apesar dos riscos. Para ele, nunca era tarde demais, nem cedo demais, para explorar novos empreendimentos, projetos literários, pesquisas científicas, relacionamentos pessoais e conceitos políticos.

Deixei o pavilhão americano naquela fria manhã de março com muito mais nas mãos do que o material de divulgação. Vislumbrara o sonho de um homem e estava contaminado por sua sede de viver. A paixão de Benjamim Franklin de "ir além do previsível" alimentava-se de sua ousadia em viver no limite; ele sempre procurava fazer novas descobertas sobre o mundo e sobre si mesmo.

Este livro defende a mudança. Destina-se às pessoas inquietas, corroídas pela insatisfação em relação ao estado de sua vida. Não são poucas as que se encaixam nessa categoria. É um fenômeno muito comum, especialmente para quem está na faixa dos 40 anos, que a mídia identifica como a época da crise de meia-idade. Em geral empregado num tom depreciativo, o termo é usado para descrever todo tipo de comportamento, desde adotar novos *hobbies* e comprar "brinquedos" caros a mudar drasticamente de carreira ou vender todas as posses e fugir para as montanhas no sul da França. Este livro procura olhar para a crise de meia-idade com uma lente diferente. Em vez de sugerir que se trata de algo a ser evitado, ele defende a idéia de que essa crise é, na verdade, o som de um despertador divino destinado a acordar os sonhos dormentes.

Quando fiz 40 anos, o despertador, fraco no início, foi ativado. Quando estava na casa dos 30 anos, trabalhava longas horas, motivado pela falsa, mas forte crença de que era indispensável à "causa". Resultado: prejudiquei minha saúde, quase perdi a vida e tornei-me um caso clássico de esgotamento. Sabia que algo precisava mudar, mas me sentia encurralado. Tinha dois filhos e uma hipoteca, além de ter arraigado um profundo senso ético de trabalho que me fazia sentir culpado com a idéia de decepcionar meus colegas.

Aplaudido por alguns, criticado por outros, decidi reavaliar minha vida e meus sonhos. A decisão de ir contra a natureza, parar e colocar os sonhos de minha esposa à frente dos meus trouxe mudanças, algumas drásticas, como ir morar no outro lado do mundo, outras pequenas e íntimas. Todas as escolhas que fiz, grandes e pequenas, eram arriscadas. Dez anos depois, posso dizer que não apenas sobrevivi ao campo minado da crise da meia-idade, mas, aos 50 anos, meu corpo, minha saúde, meu casamento e meu bem-estar pessoal estão muito mais fortes.

Não foi um vôo solo. Sempre elegi meus mentores, alguns declaradamente, outros sem seu conhecimento. Nos últimos dez anos, a lista de pessoas que deixaram sua marca em minha vida aumentou. Algumas delas viajaram ao meu lado de bicicleta, outras colaboraram comigo em vários projetos, enquanto outras ainda, mesmo à distância, inspiraram-me por seu ponto de vista, seu caráter e seu equilíbrio na vida. A decisão de mudar para outro país era humilhante, por isso resignei-me a me tornar novamente um aprendiz e aprender com os outros. Essa decisão em si mudou minha vida. Os conselhos para mudar o curso de sua vida neste livro não são novos, mas o resultado de uma sabedoria ancestral, transmitida de geração a geração, com o intuito de ajudar as pessoas a experimentarem o que Jesus descreveu certa vez como "vida plena". Alguns de meus mentores são mais velhos do que eu, enquanto outros são mais jovens, mas de cada um ganhei uma sabedoria que mudou minha vida para sempre.

Você pode perguntar: este livro é mais um jargão formulista, cheio daquela baboseira motivacional enganosa? Espero que não! Sim, eu realmente quero ser motivado e até mesmo inspirado, mas este livro baseia-se na vida real, em reconhecer que as coisas nem sempre dão certo. Nestas páginas, há estratégias práticas para manter vivos os seus sonhos, para celebrar cada fase da vida e as mudanças que ela traz. Ele se fundamenta, em parte, em minha pesquisa sobre desenvolvimento da adolescência e a necessidade humana por aventura. *Nunca é tarde demais* é um livro para homens e mulheres que não estão preparados para se conformar ao trivial.

Imagino que algumas pessoas se recusarão a ir além do prólogo, porque estão contentes com sua vida atual ou têm receio de que o livro provoque uma reflexão inquietadora. Se fizer parte do primeiro grupo, meus parabéns! Você encontrou o que procurava e faz parte dos poucos afortunados. Porém, se você se encaixa na segunda descrição, não desanime e junte coragem para continuar a leitura. Essa simples decisão em si lhe renderá incontáveis dividendos.

Os conselhos deste livro não são novos nem restritos a uma cultura. São embasados em uma sabedoria ancestral originária dos quatro cantos do mundo. Entretanto, antes de prosseguir, permita-me levá-lo a um *pub* londrino em Knightsbridge, onde três amigos se reuniram. Um deles traz notícias extraordinárias.

A reunião, início de janeiro

Jud saiu apressado para Brompton Road, ansioso para contar a notícia. Ele ainda estava em estado de choque e não sabia se ria ou chorava. Ao aproximar-se da entrada do pub, parou para se recompor. "Respire fundo e mostre um pouco de sobriedade", disse a si mesmo.

Parado do lado de fora olhando o interior, lembrou-se daquela noite, há vinte anos, em que o grupo havia se formado. Ele e seus amigos estavam em uma festa de comemoração na noite da formatura. Unidos pela alegria da bebedeira, assumiram, resolutos, um compromisso com seus sonhos e juraram não cair na mesma armadilha de seus pais, que, segundo pensavam, abraçaram a rotina e se deixaram levar por uma vida enfadonha, previsível e deplorável.

"O pacto é para sempre!" — declararam, formando uma espécie de liga integrada por sete homens e cinco mulheres.

Então, decidiram fazer uma reunião naquele pub *a cada cinco anos, não apenas para prestarem contas uns aos outros, mas também para se inspirarem a buscar seus sonhos a qualquer custo. Eles se autodenominaram "artesãos de sonhos". Posteriormente, na época da explosão de publicações na Internet, alguém comentou que eles foram tolos por não patentearem o nome. A expressão foi escolhida por descrever precisamente sua aspiração: combinar tudo que fariam para realizar seus sonhos, cada um seguindo sua própria vida e nunca se conformando ao* status quo.

Com o passar dos anos, o grupo diminuiu em número e, pelo que Jud sabia, além dele, somente dois outros compareceriam à reunião. A maioria dos membros abandonara o grupo por "estarem muito ocupados". Alguns se encontravam esporadicamente e trocavam mensagens por e-mail *com fotos de filhos, casas novas ou viagens de férias, em geral com o remetente sentado na praia com um drinque na mão, exibindo um sorriso zombeteiro. Jud raramente respondia aos* e-mails, *mas gostava de receber as notícias que lhe enviavam. Não tencionava ir àquela reunião, uma decisão que tomou depois da morte inesperada de seu pai dez dias antes, porém o pacote-surpresa que recebeu do advogado de seu pai logo após o enterro mudou seus planos, e não apenas possibilitou a viagem a Londres, mas também a tornou uma prioridade.*

O despertar

"A melhor maneira de realizar seus sonhos é acordar."

PAUL VALÉRY, POETA FRANCÊS

"É glorioso quando chega a época de mudar."

PROVÉRBIO NÔMADE

Eu era contra estabelecer metas. Certa vez, dentro de um ônibus no norte da Tailândia, discuti os méritos da questão com um homem que tinha o dobro de minha idade. Desde então, nunca mais o vi, mas lhe devo muito. A conversa estacionou em minha mente como uma pedra no sapato: não podia ignorá-la, ficava sempre irritado com ela e sabia que precisava fazer algo a respeito. Sou da época do movimento *flower power*. Naquele tempo, furtava-me a essa história de estabelecer metas, pois achava mais importante "ser" do que "fazer". Minha política de aproveitar as oportunidades, em vez de criá-las, levou-me àquele campo de refugiados na Tailândia. Lá, fui designado guia de um locutor de TV e sua equipe naquele país. Eles fariam um documentário sobre a crise de refugiados no sudeste asiático.

Uma noite, quando comia calmamente minha refeição na fronteira cambojana, o americano perguntou-me quais eram as metas de minha vida. Lembro que fiquei irritado com sua pergunta importuna e, depois de pensar por um momento, cheio de orgulho, respondi que não tinha nenhuma. Disse que achava que o desígnio de Deus era que eu aproveitasse as oportunidades que surgissem. Cabia a ele me dizer! Expliquei-lhe que preferia me deixar levar pelas circunstâncias a sonhar.

Era um caso clássico de "duplipensar".[a] Em parte, eu acreditava naquilo que estava dizendo, mas, para declará-lo, tinha de me esforçar para descartar as imagens que povoavam minha mente, imagens minhas como um homem casado, pai, atravessando desertos e grandes planícies em feitos de resistência, navegando em barcos, escrevendo livros, fundando organizações e empresas, mudando o mundo etc., sonhos que me acompanhavam desde a infância. De alguma forma, durante o crescimento, a credibilidade desses sonhos se desfez diante da idéia de que eles eram egoístas e eu jamais poderia concretizá-los.

Suponho que parte do meu raciocínio se baseava na falsa noção de que nossa vida é determinada por forças que estão fora de nosso controle. A música-tema de minha vida era: *que sera sera...*, ou seja: o que será será, o futuro não nos pertence. Os sonhos, a meu ver, deviam ser ignorados.

O homem fitou-me por um momento e, sem responder, virou-se para a janela.

Finalmente, como era de se esperar, minha visão mudou. Houve um momento decisivo, especial, cinco anos depois dessa conversa na Tailândia. Desde então, casei-me e, por causa do meu trabalho, fui morar em uma casa de campo em uma fazenda de North Yorkshire. Certa noite, sentado diante da lareira, tive uma idéia. Em seguida, de repente, decidi ligar para uma pessoa que mal conhecia, para ver se ela estaria interessada. O cavalheiro

---

[a] Termo usado no livro *1984*, de George Orwell [N. do T.].

ficou extremamente entusiasmado e pediu-me para enviar-lhe uma proposta escrita e um plano de implementação. Desliguei o telefone animado e satisfeito. O telefonema era um mero detalhe em comparação com a importância real da idéia, mas o simples fato de agir proporcionou-me grande satisfação. Foi um gesto simples num momento decisivo.

A proposição de que sonhar é bom e exige que saiamos da zona de conforto e façamos algo a respeito aparentemente é elementar e óbvia, mas algumas pessoas assumem uma atitude terrivelmente fatalista diante da vida, que corrói sua alma e impede uma ação concreta e construtiva. É como ligar o motor e deixar o carro parado. Entretanto, basta engatar uma marcha e colocar o pé no acelerador para sair andando. Nunca é tarde demais para acordar a alma.

Você pode estar agora prestes a abandonar a leitura por achar o assunto irrelevante ou impraticável. Você acha que a vida nem sempre é fácil e divertida, que requer responsabilidade, estabilidade e compromisso com a família e os colegas. Concordo! Para ter uma vida expressiva, é necessário assumir responsabilidades que nem sempre são agradáveis ou compensadoras e que exigem muito suor, sacrifício e perseverança. Porém, algumas pessoas têm tamanho senso de responsabilidade que chegam ao desequilíbrio, desenvolvem uma espécie de egotismo que as leva a crer que os projetos não sobreviveriam sem seu envolvimento.

Aos 30 anos, eu era uma pessoa muito ocupada, cheia de compromissos, obesa, que raramente jantava em casa e tinha a saúde debilitada. Minha vida agitada levou-me à crença de que eu era indispensável. Somente depois de ser forçado a abandonar o trabalho por causa de um problema de saúde percebi que a empresa que eu dirigia ficava muito bem sem mim. A doença foi um despertar e desencadeou um período de reflexão que durou quase três anos. As raízes de meu grande senso de responsabilidade eram profundas, e levei um bom tempo para desenterrar minha alma e me libertar. Finalmente, concluí que não apenas minha saúde estaria em risco se continuasse no mesmo caminho, mas também meu casamento. O problema não era o trabalho em si, mas minha atitude em relação à necessidade de uma reforma. Precisava redescobrir minha paixão e meus sonhos. Como não sabia quais eles eram, tive de pegar um emprestado: o de minha esposa. Os sonhos estimulam, inspiram e contagiam as pessoas, e fui atraído pelo dela. Ela me revelou uma nova terra, uma nova cultura e encorajou-me a explorar novas oportunidades. Para ela, era como voltar para casa; para mim, bem, estava mais para uma viagem a Marte: fomos, na realidade, morar no Japão.

As mudanças geográficas, culturais e lingüísticas foram drásticas, mas outras mudanças foram lentas e graduais. Toda decisão que tomávamos, para mim, confirmava que a vida está cheia de opções e que moldamos o futuro conforme nossas escolhas. A indecisão, porém, leva-nos a aceitar a vida como ela é. Somos carregados por nossos sonhos ou pela maré. Você tem o poder de escolher entre assumir o controle de sua vida ou sucumbir às forças externas. Nunca é tarde demais para acertar o compasso e mudar de rumo, explorar novos mundos e deliciar-se em novas descobertas. Quer você esteja buscando uma nova carreira quer simplesmente queira começar a andar de bicicleta no fim de semana, este livro o ajudará a tomar as medidas necessárias para alcançar sua meta de forma responsável e refletida. Ele não serve apenas para inspirá-lo e despertar seus sonhos dormentes, mas para responder ao mistério da reinvenção pessoal. Os conselhos que ofereço, obtidos de pessoas muito mais sábias do que eu, foram úteis em minha jornada de mudança pessoal, e creio que o ajudarão na sua.

A jornada começa com um mapa. Todo viajante precisa de um. Além de indicar onde estamos, os mapas nos revelam segredos. Essas verdades ocultas tornam o processo de chegar ao nosso destino uma grande aventura. Então, se você estiver pronto, dê o primeiro passo para abraçar o futuro e realizar seus sonhos.

Uma Guinness interrompida

Jud mal podia conter sua agitação quando entrou no pub. *Pouca coisa mudara desde a noite em que ele e seus amigos fizeram o juramento. As manchas pegajosas de cerveja no carpete macio, o odor impregnado de cachimbo e charuto emanando das cortinas de veludo e a fileira de clientes debruçados sobre a barra de latão no balcão de madeira do bar evocavam lembranças das noites de amizade e boa conversa. Um homem grande e uma mulher miúda serviam drinques com um ar de jovialidade. O ambiente do lugar conseguiu acalmá-lo mais do que seus pensamentos antes de entrar.*

Robert e Sarah já estavam lá, trocando gracejos e colocando em dia a conversa sobre família e assuntos pessoais. Jud enviara-lhes um e-mail *uma semana antes, informando que uma mudança repentina de planos permitiria que ele fosse a Londres e que, quando chegasse, contaria os detalhes.*

Ele sempre se sentira desafiado por Robert e Sarah. Embora os admirasse, ficava apreensivo ao lado deles. De todos os amigos da turma de "artesãos de sonhos", eles eram os que menos precisavam freqüentá-la, pois viviam seus sonhos. Todos haviam concluído a tese de pós-graduação na London School of Economics, tendo em vista uma oportunidade de emprego em uma grande empresa, banco ou instituição financeira. Sarah, porém, uma semana depois da primeira reunião dos "artesãos de sonhos", telefonou para cada membro do grupo dizendo que a formação da turma fez com que ela percebesse que sua paixão não era economia, mas medicina. Então, anunciou sua decisão de voltar à faculdade, mas como aluna de medicina. Foram necessários muito mais anos de estudo para que, finalmente, se tornasse clínica geral no norte da Inglaterra. Ela parecia amar sua vida e seu trabalho.

Robert era um canadense que Jud conhecera na universidade; eles se formaram juntos e foram para a Bolsa de Valores de Londres ao mesmo tempo. Era um de seus melhores amigos. Assim como Sarah, Robert logo decidiu que o mundo corporativo não era para ele. Depois de apenas três anos, decidiu mudar-se para a Ásia e montou um negócio em um dos tigres asiáticos. Seu negócio deu certo e, embora tenha sido afetado pela crise monetária asiática em meados da década de 1990, sobreviveu. Jud estava feliz em vê-lo.

— Oi! — Robert e Sarah disseram em uníssono.

— Oi! — Jud respondeu. — Tenho novidades para vocês, mas permitam-me pagar uma rodada de cerveja primeiro. O de sempre, não é? — Alguns momentos depois, ele voltou com três canecas de Guinness e sentou-se ao lado de Sarah no banco forrado de veludo.

— E aí, o que há de novo? — Robert perguntou.

Jud olhou para sua caneca de cerveja preta, examinando o colarinho. Era uma chance de organizar os pensamentos. Então, levantou a cabeça e disse:

— Meu pai morreu.

— Oh, sinto muito! — Sarah exclamou.

— Tudo bem. Na verdade, estou ótimo — Jud disse, um tanto constrangido com o entusiasmo de sua voz.

Sarah e Robert pareciam perplexos.

— Mas pensei que o relacionamento com seu pai tinha melhorado — Sarah indagou.

— Ah, sim, você tem toda razão e foi terrível perdê-lo. O câncer tomou conta dele completamente; foi muito rápido... Sei que a morte foi um alívio para ele.

— Posso entender que a morte de seu pai foi um alívio para ele — interveio Robert —, mas isso não explica esse sorriso idiota estampado em seu rosto. Parece até que você acabou de ganhar na loteria.

Jud tomou um gole de sua Guinness enquanto os dois amigos aguardavam pela continuação da história.

— Bem, embora sinta muito a falta dele e esteja relutando para aceitar tudo, ele me deixou uma surpresa.

O relacionamento de Jud com o pai nem sempre fora bom. Durante a infância, Jud mal o via por causa das obrigações do trabalho. Quando chegava em casa tarde da noite depois do trabalho ou de uma longa viagem de negócios, seu pai ficava quieto e distante. Era um dos vários gerentes de uma grande empresa, com ambições de subir ao topo. Ficou claro para Jud desde pequeno que as aspirações de trabalho governavam as decisões de seu pai e tinham precedência sobre a família. Isso não significava que ele fosse irresponsável. Era fiel à esposa e fazia o possível para ter pelo menos uma pequena conversa com Jud em alguns momentos durante a semana. Ele sempre lhe trazia presentes e tentava ser um bom pai, mas, lá no fundo, Jud achava que o trabalho era mais importante para o pai do que ele.

Isso mudou quando sua mãe morreu. A morte dela desencadeou um período de reflexão e auto-avaliação. Com o tempo, seu pai não apenas tornou-se seu amigo, mas também um exemplo. Essa revelação foi uma surpresa. Jud nunca imaginara que queria ser igual ao pai, mas, aos poucos, nos últimos dez anos, seu pai começou a representar tudo que ele queria ser.

— Ande, Jud, conte logo — Sarah disse.

— Bem, logo depois do enterro, o advogado disse que queria falar comigo. Então, saí e ele me deu um embrulho. Como vocês sabem, sou filho único e, como minha mãe morreu há alguns anos, sou o único herdeiro. O advogado contou o que eu já sabia: exceto por algumas ações e um terreno, meu pai não tinha quase nada. No entanto, havia um pacote-surpresa. O advogado disse para eu abrir. Dentro, havia um maço de envelopes, cada um com um número. Dez estavam marcados com um número de 1 a 10, e o décimo primeiro estava em branco. Ele me pediu para ler a carta no envelope branco e me disse que ficaria feliz em esclarecer qualquer dúvida que eu tivesse.

— A carta? — Sarah e Robert perguntaram juntos.

— Sim, a carta. Trouxe-a comigo.

Um pouco trêmulo, Jud tirou a carta do bolso à altura do peito e abriu-a devagar, deliberadamente. Então, depois de passar os olhos pelas primeiras linhas como que para se certificar de que tinha entendido direito e não estava sonhando, leu-a para os amigos, um tanto perturbado ao ouvir a voz do pai sair da própria boca.

Querido filho:

Se você está lendo esta carta, é porque morri. Não tenho muitos bens materiais para lhe deixar, mas tenho alguns conselhos e muita experiência que gostaria de compartilhar com você. Nos últimos dez anos, aprendi muito sobre o que significa viver — realmente viver — uma vida plena e significativa. Assim, além de sobrecarregá-lo com algumas obrigações, quero deixar-lhe de legado uma "jornada de descobertas". Na conta bancária (detalhes anexos), você encontrará uma soma em dinheiro suficiente para cobrir os gastos de dez a doze semanas de viagem. Kathryn contou-me que você terá três meses de licença. Portanto, sei que o tempo não é problema. Aliás, você deve agradecer à sua esposa por ser uma grande colaboradora, visitando-me no hospital e ajudando-me a escrever estas cartas.

Tenho orgulho de você. Você trabalhou duro e está crescendo na empresa. Sei que é ocupado, mas quero que faça algo por seu velho; quero que aproveite o tempo que terá de folga para fazer uma viagem. É uma viagem que gostaria de ter feito com você e, por isso, estava guardando dinheiro, mas talvez seja melhor assim... Uma viagem sozinho o ajudará a interiorizar e refletir melhor sobre seu aprendizado e suas descobertas. Conheci pessoas interessantes e diferentes durante a vida, especialmente nos dez anos que se seguiram à morte de sua mãe. Aprendi e enriqueci muito com elas, visitando os lugares onde elas viviam.

Não há dinheiro suficiente para permitir que você viaje da forma a que está acostumado, hospedando-se nos melhores hotéis e voando em classe executiva. Será um desafio para você percorrer o mundo com a quantia que lhe deixei, mas, acredite, as recompensas serão *grandes se conseguir, pois você encontrará pistas pelo caminho que o ajudarão a desvendar o mistério de como ter uma vida plena.*

Mais uma coisa: na pasta que o advogado lhe deu, há dez envelopes. Abra cada um deles na ordem correta e no destino indicado. Cada envelope revelará sua próxima parada. A primeira delas é um lugar do qual centenas de aventureiros saem para explorar os quatro cantos do mundo: a Royal Geographical Society em Londres. Só abra o envelope 1 quando estiver na frente do prédio.

Com muito amor,
De seu pai.

Houve um momento de silêncio depois que Jud terminou de ler a carta. Sarah foi a primeira a falar.

— Bem, o que estamos esperando? Vamos.

— Como? Mas você nem terminou sua cerveja — disse Jud.

— Ora, eu posso tomar outra mais tarde. Vamos logo. Tenho que pegar um trem daqui a três horas e estou curiosa para saber por que seu pai quer que você comece pela Royal Geographical Society. Além disso, nunca estive lá e esta é uma ótima desculpa para ir. Podemos vê-lo sair para o mundo a partir de lá.

Robert já estava no balcão terminando de pagar a conta, enquanto Sarah puxava Jud pelo braço. Ele deu um último gole e pegou a bolsa com a outra mão ao ser arrancado da mesa.

Os três amigos saíram do pub *alegremente e partiram. Não sabiam muito bem onde ficava a Royal Geographical Society, mas Sarah achava que ficava perto do Royal Albert Hall, do outro lado de Hyde Park.*

1

Navegação

"O segredo de seguir em frente é sair do lugar. O segredo de sair do lugar é dividir as tarefas grandes e complexas em pequenas e fáceis e, depois, começar pela primeira."

MARK TWAIN, ESCRITOR AMERICANO

"O primeiro dia não é o momento de começar com os preparativos."

PROVÉRBIO NIGERIANO

"Uma jornada de mil milhas começa com o primeiro passo."

LAO TSÉ, FILÓSOFO CHINÊS DA ANTIGÜIDADE

Perdidos em Londres

Dobrando à direita depois da Harrods, os três amigos atravessaram a Brompton Road e pegaram uma paralela, procurando uma rota para o Hyde Park. Desorientados, voltaram à Brompton Road e, finalmente, encontraram uma saída que levava ao terreno da igreja Holy Trinity Brompton e a um labirinto de ruas residenciais arborizadas que acabava na Queen's Gate. Uma caminhada que deveria durar de 15 a 20 minutos demorou uma hora, e eles ainda não tinham chegado à Royal Geographical Society. Sarah achava que a Society ficava de frente para o Hyde Park, em algum ponto entre a Serpentine e o Kensington Palace. À direita, podiam ver a inconfundível cúpula do Royal Albert Hall e imaginaram que seu destino ficava na direção oposta. Ameaçava cair uma chuva, mas o sol lutava bravamente para aparecer, ocasionalmente obtendo uma pequena vitória contra o dia cinza.

Depois de alguns minutos, puderam avistar o Kensington Palace. Sarah comentou que a última vez em que estivera naquela área de Londres fora para levar flores, uma semana depois da morte da princesa Diana. Jud e Robert assentiram com a cabeça, lembrando em silêncio.

Como não encontraram a Royal Geographical Society, diminuíram os passos depois da Queen's Gate. Finalmente, chegaram ao destino algumas quadras depois do Royal Albert Hall. Pararam diante da entrada principal e riram do tempo que levaram para chegar até ali. Tinham conseguido, porém, e bateram as mãos no alto para comemorar.

— Bem, vamos, ande logo! — Sarah ordenou.

— Como assim? — Jud perguntou.

— Abra o envelope, pateta — ela retorquiu.

Robert e Sarah espiaram dentro da bolsa de Jud quando ele tirou o grande maço contendo os dez envelopes, cada um marcado com um número. Jud pegou o envelope com o número 1, abriu-o e encontrou três itens dentro. O primeiro era um cartão com o nome de seu pai e a palavra "membro". Era o cartão de associado de seu pai.

O segundo item era um pequeno envelope fechado com instruções dizendo para ser aberto e lido 30 minutos depois de Jud deixar a Society. O terceiro item era um cartão postal.

Querido Jud:

Bem-vindo ao meu lugar predileto em Londres: a Royal Geographical Society. Ao atravessar seus corredores, lembre-se de que diversos grandes aventureiros e exploradores também passaram por aí, pessoas como David Livingstone, que descobriu boa parte da

África, Edmund Hillary — ele e o xerpa Tenzing foram os dois primeiros homens a conquistar a montanha mais alta do mundo — e muitas outras pessoas famosas. Elas descobriram que esse lugar continha grandes tesouros que as inspiravam e ofereciam orientação prática para aqueles que se aventurassem a explorar o desconhecido. Não tenha pressa em percorrê-lo e dedique um tempo especial para explorar a sala de mapas, onde encontrará a maior e mais ampla coleção de mapas do mundo. Leve o tempo necessário. Fiz apenas duas visitas, mas, nas duas ocasiões, renovei meu amor pelo mundo e minha sede por descobertas.

Com amor,
Papai.

1ª dica: Arranje um mapa

Gosto de mapas. Tenho uma coleção pessoal, mas como ela não contém nenhuma carta geográfica preciosa ou rara, suponho que sou mais um guardador de mapas do que um colecionador. Em nossa casa, tenho uma sala de mapas com o dobro de tamanho da sala de estar. Imagens de espaço, história e viagem me vêm à mente sempre que passo por ela, o que significa várias vezes ao dia. Em meu escritório, tenho uma caixa cheia de mapas que exploro ocasionalmente, sonhando com os lugares distantes e próximos também. Recentemente, remexendo a caixa em busca dos mapas, desgastados pelo uso, que coletei em vários lugares do mundo, comecei a lembrar antigas aventuras e a sonhar com novas. Eles são importantes para mim, pois guardam lembranças e inspiram planos de novas aventuras.

Além dos mapas em papel, também tenho um sistema de posicionamento global na bicicleta e um sistema de navegação no carro. Eles são muito úteis em meio à confusão de ruas dos municípios e metrópoles japonesas. Quando o sistema não funciona, não me sinto exatamente desorientado, mas sim sozinho, como se perdesse uma companhia.

Gosto de mapas por três motivos:

1. Gosto de saber para onde vou.
2. Gosto de saber onde estou.
3. Gosto de saber como chegar ao ponto desejado a partir da posição atual.

O terceiro motivo é especialmente importante para os impacientes que querem mudar de curso, mas, para entender a importância desse item, é preciso apreciar os dois primeiros.

1. Saber para onde ir

A navegação requer um propósito, um destino. Às vezes, o objetivo está claramente à vista, enquanto outras vezes é obscurecido pelo mau tempo ou grandes obstáculos, embora misteriosamente continue a nos atrair.

Para conseguir mudar o curso de sua vida, você precisa saber para onde vai. Sua meta não deve ser apenas ter uma renda maior ou um cargo melhor. Pense bem e responda: como você gostaria de ser? Para que uma perspectiva do futuro seja uma força poderosa capaz de levá-lo mais longe e mais alto do que você jamais imaginou, ela deve se fundamentar no desejo de se redefinir.

Quando comecei minha jornada de transformação pessoal, sondei minha alma e meu passado, tentando recapturar a visão que tinha de mim mesmo quando era adolescente. Essa imagem de um aventureiro, ativista ou defensor da justiça estava muito longe da pessoa que eu via no espelho. O que via era um homem obeso, doente, com pouco dinheiro, sobrecarregado de trabalho e um escravo dos outros. Estava a caminho de me conformar para sempre em ser o reflexo que via no espelho, e essa resignação entristecia minha alma. Queria recuperar a liberdade, a dignidade pessoal e a saúde física, espiritual e social.

E você? Que sonhos você relegou ao impossível, por crer que era muito tarde para realizá-los? Essa resignação o aborrece? Não é tarde demais para recuperar a visão que você tinha de si mesmo quando era jovem.

2. Saber onde se está

Saber para onde ir não basta para chegar lá. Conheci muitos sonhadores. Eles são sempre previsivelmente otimistas sobre as chances de ser bem-sucedidos, mas nunca progridem. O motivo disso é que eles não passaram na segunda etapa: avaliar honestamente a situação presente.

Os sonhos não são realidades. Para que se concretizem, é preciso ter um mapa — não apenas para identificar o destino, mas também o ponto de partida. O sistema de navegação de meu carro me ajuda nesse sentido. É fácil perder-se no emaranhado de ruas no Japão. No meu mapa de papel, posso ver claramente para onde vou, mas meu sistema de navegação vai além: ele me mostra onde eu estou. Muitas vezes fico surpreso ao ver o quanto estou perto do meu destino. Outras vezes, devo acrescentar, fico chocado com a distância em que estou, mas mesmo assim é reconfortante saber a verdade.

Tenho um problema de peso e devo ficar atento ao que como e quando como. Uma ou duas vezes por mês eu me peso para ver se estou perto do peso ideal. Aprendi que não posso confiar no que vejo no espelho nem no que sinto, pois o que vejo e o que sinto dependem do meu estado de espírito. Já a balança digital fornece uma opinião objetiva.

Uma das grandes frases de Jesus Cristo é: "E conhecerão a verdade, e a verdade os libertará". Os sermões aos quais assisti a respeito dessa frase interpretaram-na como uma referência à doutrina cristã: "Se você crer no que é certo, encontrará a liberdade". De fato, toda verdade é libertadora. Se você quer realizar seu sonho, enfrente a verdade e liberte-se do falso sentimento de otimismo. Há um otimismo muito mais plausível e duradouro que é aquele experimentado por quem não apenas sonha, mas ousa encarar a verdade do quanto os sonhos estão distantes. Assim que fixamos os dois pontos de referência — onde estamos e para onde queremos ir —, começamos a traçar um curso. E é nesse momento que a diversão começa.

3. Saber como chegar ao ponto desejado partindo da posição atual

Não sei dizer quem é mais desagradável: o otimista que nunca enfrenta a verdade do quão longe está de seu objetivo ou o pessimista que desiste por achar que seu sonho está muito longe da realidade presente. Gosto de estar entre pessoas que, quando olham para o mapa, sabem claramente para onde desejam ir, analisam honestamente a situação em que se encontram e planejam um curso para chegar ao ponto desejado, partindo da posição atual.

O pragmatismo e a inovação são necessários nesse momento, pois há mais de uma rota disponível e, às vezes, o caminho que parece óbvio da perspectiva atual pode acabar num beco sem saída. Nesse caso, somos obrigados a recuar, mas ganhamos muita experiência. Portanto, embora seja imperativo fazer um reconhecimento de terreno e planejar, é necessário que haja flexibilidade na escolha do caminho. Às vezes, não só o caminho deve ser redefinido, mas também a meta, pois, ao nos aproximarmos do horizonte, descobrimos que o destino que escolhemos está a um passo de algo maior e mais glorioso à frente.

Outro dia, conversei com um homem que é um empreendedor bem-sucedido. Ele iniciou a carreira em uma grande corporação, mas seu sonho sempre foi abrir o próprio negócio tendo grandes corporações como clientes. Ele percebeu logo que não compreenderia seus clientes se não fosse um deles. Depois de se formar na universidade, trabalhou cinco anos em uma corporação para saber como seus "futuros clientes" pensavam. Ele abriu sua própria empresa que, bem mais tarde, vendeu por 58 milhões de dólares. Hoje, é um investidor de capital de risco e aposta em empresas em formação. Ele não faz isso pelo dinheiro, mas porque acha estimulante usar seu dinheiro para capacitar os outros. Em uma reunião recente durante o café da manhã no American Club, em Tóquio, ele me contou que não fica impressionado com quem tem uma grande visão ou uma idéia rara. E disse: "Não faltam boas idéias, mas o que me impressiona é a pessoa que sabe transformá-las em realidade".

Um consultor administrativo no Reino Unido disse: "Os grandes empreendedores não são os visionários, mas os que conseguem converter uma boa idéia em um sucesso operacional".

No entanto, estamos nos precipitando. Suponhamos que você esteja prestes a começar a jornada de transformação pessoal. Pare para descobrir seus sonhos mais profundos e ocultos. Não precisa pensar muito; lembre-se de quando era jovem e escreva como você imaginava que seria quando adulto. Em outras palavras, quais eram seus sonhos de então? Quais são seus sonhos agora? Use a caixa de diálogo mais adiante para escrever as palavras que descrevem essa visão juvenil ou atual.

Em seguida, escreva as palavras que descrevem a sua situação no momento. Como as duas imagens se relacionam? Finalmente, pense por um momento e registre as primeiras medidas que você deve tomar para sair da posição atual e chegar ao ponto que sempre desejou.

Resumo executivo

Os mapas são importantes para determinar como é possível mudar e se reinventar.

1. Desenvolva uma visão sobre seu ponto de destino.

2. Avalie sua situação atual.

3. Examine todas as rotas possíveis para chegar ao ponto desejado partindo da posição atual.

As três etapas são importantes. Analisar os sonhos e a realidade não basta. Por fim, você deve usar o mapa, levantar e começar a caminhar! Às vezes você não saberá exatamente que rumo tomar para atingir sua meta. O caminho pode ser tortuoso e acidentado. Algumas rotas serão um desastre, mas faz parte da diversão. O fracasso não é um obstáculo, mas uma parte importante da jornada.

Plano de ação

1. Faça uma retrospectiva de seus sonhos. Talvez seja bom pedir a ajuda de amigos de infância e de familiares para se lembrar dos sonhos de infância e colocar no papel o que você queria ser quando crescesse. Não apenas se lembre do que você dizia aos adultos quando lhe perguntavam, mas tente recuperar as imagens que tinha de si mesmo quando pequeno e pensava no que seria quando crescesse. Você encontrará a semente dos sonhos do destino.

2. Faça uma lista dos sonhos que tem agora e do que gostaria muito de conquistar nos próximos dez anos.

3. Avalie sua situação atual na vida e tente determinar a distância entre seus sonhos e a realidade do presente.

4. Pense em todos os meios possíveis de fazer o que for necessário para atingir sua meta. Não se detenha por questões práticas nesse momento. Identifique o máximo de opções possível.

Caixa de diálogo

Principais sonhos:
1.
2.
3.

Realidade atual:
1.
2.
3.

Medidas a serem tomadas:
1.
2.
3.

Advertência

Não exagere no planejamento. Os desvios fazem parte da diversão. Abra espaço para o inesperado. Deixe seus planos respirarem.

A caminho da África

Jud perdeu totalmente a noção de tempo explorando a sala de mapas. Robert e Sarah ficaram com ele durante algumas horas, pe-

rambulando pelas salas da famosa instituição em silêncio, examinando artefatos e fotos das explorações que nasceram ali. *Depois, tiveram de ir embora, mas antes fizeram Jud prometer que os manteriam informados. Trinta minutos antes de fecharem o local, Jud sentou-se na sala de chá e abriu o pequeno envelope que estava dentro do envelope 1.*

Filho:

Espero que os mapas desse lugar maravilhoso tenham lhe dado uma idéia da imensidão e da diversidade do mundo. Há muito que se descobrir.

Por favor, tenha em mente duas coisas. Primeiro, viaje no seu próprio ritmo, mas lembre-se de que você deve contar com meu dinheiro, e não com o seu. Isso o forçará a ser diligente e, com sorte, o ajudará a resistir à tentação de escapar da aventura e viajar na primeira classe. Segundo, você precisa estar em forma. Não precisa estar em perfeita forma, mas alcançar uma resistência que se consegue com muita caminhada. Procure caminhar pelo menos duas horas por dia e, de vez em quando, oito horas ou mais. Mais tarde, você entenderá por quê. Seu primeiro destino é o Quênia. Abra o envelope 2 uma hora antes de aterrissar no aeroporto de Nairóbi.

Aproveite a viagem,
Papai.

2

Amor

"A grande tragédia da vida não é perecer, mas deixar de amar."

SOMERSET MAUGHAM, DRAMATURGO E ROMANCISTA BRITÂNICO

"Ainda que eu [...] tenha uma fé capaz de mover montanhas, se não tiver amor, nada serei."

PAULO EM SUA CARTA AOS MEMBROS DA IGREJA EM CORINTO

Entorpecido no Quênia

O vôo noturno de Londres a Nairóbi transcorreu normalmente. Jud colocara deliberadamente o envelope 2 bem no fundo de sua bagagem de mão, que guardou no compartimento superior. Ele nunca estivera na África e, pelo que sabia, seu pai também não. Mais de uma vez, ficou tentado a pegar o envelope e ler para saber o que tinha dentro. Parecia tolice esperar até uma hora antes de aterrissar, mas decidiu seguir as instruções do pai.

Finalmente a hora chegou, então Jud tirou a bagagem do compartimento, pegou o envelope, fitou-o por um momento e depois o abriu. Dentro, havia um envelope menor com uma mensagem escrita no lado de fora:

Jud, quando chegar a Nairóbi, pegue o próximo vôo disponível para o norte do Quênia, para um lugar chamado Lokichokio. Você ficará lá de três a quatro horas e depois voltará a Nairóbi no mesmo avião. Assim que chegar, abra este envelope e lhe direi por que está lá.
Papai.

Depois de passar pela alfândega e pela imigração, Jud foi ao balcão de informações do aeroporto e perguntou onde poderia agendar um vôo para o norte do Quênia. Informaram-no de que os únicos aviões que voavam para lá eram pequenas aeronaves de organizações de ajuda humanitária que transportavam mantimentos, mas se dispunham a carregar passageiros pagantes. Ele foi encaminhado para um escritório à frente de um pequeno hangar. Uma mulher, remexendo uma pilha de papéis, disse a Jud para falar com o piloto que estava no lado de fora, abastecendo o avião.

— É, tem espaço, mas não é barato e partiremos em 45 minutos — o piloto informou com um sorriso. — Vá ao escritório e diga a Rhonda que eu concordei; ela cuidará bem do seu dinheiro. Depois volte para me ajudar a carregar estas caixas.

Jud percebeu que o piloto ficou feliz por ter companhia. Ele seguiu suas instruções e ficou chocado com o preço. Esperava que seu pai tivesse levado em conta essa extravagância.

Cada item era pesado antes de ser colocado a bordo no pequeno avião. Jud inclusive, o único passageiro, teve de subir nas balanças.

— Ixe — murmurou.

Estava quase 1 kg mais gordo do que quando deixara os Estados Unidos há poucos dias. "Deve ter sido a comida de Londres", pensou.

Momentos depois, estavam a bordo, com os motores ligados. Jud, espremido no assento ao lado do piloto, observou fascinado o homem checar, metodicamente, uma lista de verificação para garantir que todos os aspectos do avião estivessem funcionando corretamente. Depois de alguns minutos, receberam a permissão da torre de controle e taxiaram até a pista de decolagem.

Apesar de estar totalmente carregado, o avião acelerou rapidamente para levantar vôo e em poucos segundos estava no ar. Jud sentiu o corpo comprimir-se no assento com a rápida aceleração e decolagem. Ele arregalou os olhos e cerrou os dentes quando a aeronave deu uma guinada no ar quente e úmido da planície africana.

— É o kit STOL[a] — informou o piloto repentinamente.

— O quê? — Jud retorquiu, sem fazer idéia do que o piloto estava falando.

— O kit de decolagem e pouso curtos. Não precisamos muito dele aqui em Nairóbi, mas ele é necessário em algumas viagens que fazemos.

— Entendo.

A economia de palavras de Jud não revelava a emoção nem o medo que sentia. Há anos não entrava na cabine de um pequeno avião e ficou atento a cada sacudida da aeronave e movimento do piloto. Seu trabalho exigia que viajasse muito, mas nunca ficara nervoso em um avião comercial, que mais parecia uma grande sala de embarque cilíndrica na qual permanecia sentado com certa despreocupação e enfado. Naquele pequeno avião, porém, Jud ficou empolgado, sentindo uma mistura de medo das alturas e paixão por voar.

O avião fez uma manobra para o norte e subiu a 10 mil pés. Pouco depois, a cabeça de Jud começou a latejar.

— Esta é a altura máxima que podemos atingir sem oxigênio — explicou o piloto.

O piloto parecia feliz por falar durante quase o caminho inteiro e Jud sentia-se contente em ouvi-lo, desejando secretamente que lhe passasse o controle por alguns minutos. No entanto, não teve essa sorte e logo se resignou a desfrutar as mudanças de cenário abaixo. As magníficas montanhas do vale Rift rapidamente deram lugar à terra marrom do norte do Quênia.

---

[a] Do inglês "Short Take-off and Landing" [N. do T.].

— Estamos entrando no território da Turkana — disse o piloto. — A Turkana é uma tribo nômade que fica na junção de três países: Sudão, Etiópia e Quênia. A guerra e a fome assolaram a população, seus costumes e sua dignidade. Há anos, essa e outras tribos da região estão no centro das atenções das organizações de ajuda humanitária.

Depois de aterrissarem, o piloto contou a Jud que levaria pelo menos três horas antes que a aeronave estivesse pronta para retornar a Nairóbi. Jud saiu do avião em busca de sombra, que encontrou atrás de um abrigo de latão feito com placas da Coca-Cola. Ele comprou uma garrafa, sacou a tampa, sentou-se encostado na cabana e tomou vários goles da bebida quente e aguada. Tirou o pequeno envelope do bolso da camisa. Dentro, encontrou um bilhete junto com uma foto de seu pai tirando a carga de um avião. Atrás da velha foto estava escrito: "POR QUÊ?".

Uma ventania passou, trazendo um breve alívio dos mosquitos que pareciam fascinados pelos ouvidos e olhos de Jud. O bilhete voou com o vento, mas Jud conseguiu agarrá-lo com as duas mãos.

> Querido filho:
> Visitei esse lugar esquecido por Deus quando estava na faculdade, no auge de um período de escassez. Tirei um semestre de folga para ajudar uma organização de ajuda humanitária a levar comida para o povo da Turkana que estava morrendo de inanição. Fui mais motivado pela aventura do que por altruísmo, mas, quando cheguei, fiquei chocado com o que vi. Testemunhei não apenas morte e inanição, mas uma multidão de pessoas indignamente amontoadas em um curral feito de um arbusto que mais parecia arame farpado. Uma a uma, como gado, elas tinham de passar por um corredor estreito no qual recebiam uma ração de comida. Era uma cena desumana e muito distante dos confortos da casa de seus avós, onde eu vivia.
> Um dia, uma mulher aproximou-se de mim e segurou o filho faminto em um dos braços, perto da minha câmera. No início, não entendi o que ela queria. Pensei que estava me pedindo para tomar

conta da criança, que parecia morta, mas, de repente, notei o peito do menino inflar levemente. Demorei um pouco para entender a intenção da mulher. Ela estava me dando uma oportunidade de tirar uma foto do filho em troca de comida. Um dia antes, a equipe de TV de uma igreja americana aparecera por lá e, quando ligaram as câmeras, uma multidão se acotovelou para ficar diante das lentes. Eles distribuíram comida, mas somente para quem aparecia na filmagem.

Eu estava presente e tive uma crise de fé que me deixou confuso e perplexo. Tentei convencer-me de que os problemas da África não tinham nada a ver comigo e estavam fora de meu controle. Levei um bom tempo, mas acabei entendendo que estava errado. Quem é humano se importa com isso.

Parece injusto, mas quero que você fique tão perturbado quanto eu fiquei. Deixe esse lugar partir seu coração. A vida e a dignidade humana são dons sagrados; esse lugar nos lembra do que não devemos tolerar. Demorei um bocado para aceitar que tinha uma responsabilidade. Se soubesse disso antes, teria redirecionado minha vida mais cedo.

Com amor,
De seu pai.
P.S.: As moscas ainda voam em enxames por aí?

2ª dica: Procure amor e encontrará autenticidade

A cena é famosa. Scarlett O'Hara, em súplica, olha apaixonadamente para o homem no alto, que era seu salvador e inimigo ao mesmo tempo. O calmo e belo Rhett Butler, deleitando-se em sua fragilidade, olha para ela e diz aquela frase memorável: "Francamente, querida, não dou a mínima". Seu apego pela vida, amor próprio e autonomia somam-se ao seu carisma e charme. Esse cafajeste é admirado há gerações por cinéfilos que tentam imitá-lo. Sua declaração a Scarlett tornou-se uma máxima para muitos: Se quiser prosperar, fique de olho em quem está à frente e não permita que ninguém o desequilibre emocionalmente.

O termo "princípio da falta de interesse" circula pelo meio acadêmico há 75 anos. Segundo ele, a pessoa menos interessada no relacionamento é a que tem mais poder. Faz sentido. Quando o marido é perdidamente apaixonado pela esposa, e ela não tem tanto interesse, é óbvio quem tem mais poder no relacionamento. Porém, essa teoria não respeita a premissa básica do ser humano, que é: nós nascemos para nos importar!

No início da década de 1990, viajei muito para a Bósnia-Herzegovina, tentando, entre outras coisas, ajudar as crianças vitimadas pelo turbilhão caótico do colapso social causado pela guerra nos Bálcãs que assolou violentamente a região. Vivi em uma zona de guerra antes, mas estava despreparado para a obscuridade estarrecedora que destruiria aquela bela nação. Um dia, em busca de conselho, perguntei a um porta-voz das Nações Unidas como ele fazia para enfrentar o extermínio étnico, o estupro em massa e o genocídio que testemunhava.

— É preciso se desligar emocionalmente. Não podemos nos dar ao luxo de nos importar.

O princípio da falta de interesse faz sentido numa situação em que se desempenha um dever profissional em meio a muita dor e sofrimento. Entretanto, há um problema: os seres humanos nasceram para se importar. É genético. Temos necessidade de nos importar e, como mostra a história, admiramos as pessoas que pagam um alto preço por isso, como Martin Luther King, Nelson Mandela, Madre Teresa, Mahatma Gandhi, Jesus. Nós nascemos para amar.

Stephen Covey, que escreveu *The Seven Habits of Highly Effective People*,[b] depois desse livro acrescentou um oitavo hábito. Segundo ele, muitas pessoas são eficazes, mas poucas atingem a grandeza. O oitavo hábito é: "Amar: enxergar e apreciar o potencial dos outros".

---

[b] Publicado em português com o título *Os 7 hábitos das pessoas altamente eficazes*. Rio de Janeiro, Best Seller, 2005 [N. do E.].

Meu irmão é ator profissional. Uma vez, no *set* de filmagem de uma série de TV, ele procurou o conselho de uma famosa atriz de uma geração mais antiga. A mulher fora estrela de uma série cômica de sucesso. Entre uma cena e outra, meu irmão juntou coragem e iniciou a conversa. As palavras e os gestos da atriz deixaram-no à vontade em sua presença. Ela não era a "prima-dona" que ele imaginava. No fim da conversa, ele lhe pediu uma dica sobre atuação e nunca se esqueceu do que ela lhe disse: "Em cada cena, cada roteiro, faça a pergunta: 'Onde está o amor?' ".

No princípio, ele não entendeu o conselho, mas, com o passar dos anos, a dica tornou-se a mais valiosa de sua profissão. Ele descobriu que no amor encontra-se a fonte da autenticidade e da autoridade do ator.

É imperativo: para abraçar seu futuro e realizar seus sonhos, é preciso se importar. Há um preço a pagar por isso? Sim, claro, mas o amor rejeita o princípio da falta de interesse e, em vez disso, aceita a fragilidade. É arriscado, mas vale o velho ditado que diz: "Quem não arrisca, não petisca". O que nos impede de nos importar é o medo da decepção, de que nosso amor seja rejeitado e recusado.

John Lennon escreveu: "All you need is love" [Tudo de que você precisa é amar]. É uma verdade simples e também profunda. Precisamos abandonar o prisma do poder e olhar para o mundo à nossa volta sob a lente do amor. A visão 20/20[c] do amor nos dá uma perspectiva melhor de nós mesmos, nossa família, nosso ambiente e nosso mundo. O amor é mais do que um sentimento terno e reconfortante que ocasionalmente se irradia. Ele afeta nossas decisões e nossa maneira de empregarmos o tempo. Existem quatro manifestações de amor:

1. *Curiosidade:* uma necessidade urgente de fazer descobertas.

---

[c] A visão 20/20 é considerada a visão ideal, perfeita [N. do E.].

2. *Celebração:* apesar do sofrimento que nos cerca, o amor nos impele a buscar a luz na escuridão.

3. *Comunidade:* o amor valoriza a união. Gosto da citação dos índios americanos da tribo Hopi que diz: "Alegria é uma gota de chuva que cai dentro do rio".

4. *Compaixão:* o amor nos permite chorar com os que choram e rir com aqueles que têm motivos para rir.

Essas quatro expressões do amor produzem uma vida completa e compensadora.

O amor é essencial nas decisões da vida. Ele impede que sejamos egoístas e, ao mesmo tempo, estimula o amor próprio e o amor pela vida. Você só tem uma vida para desfrutar, por isso não é egoísmo amar a própria vida. Ao contrário, ao desenvolvermos a paixão pela própria existência e bem-estar, sentimos o mesmo pelos outros. Por isso, é imperativo que todas as decisões da vida se baseiem no amor.

Meu irmão buscou o conselho de uma atriz. Quando tinha 18 anos, reuni coragem para pedir conselho ao dr. Bob Pierce, o fundador da World Vision, uma das maiores organizações de assistência e desenvolvimento. Ele disse: "Para ser grande, descubra o que parte o coração de Deus e ore para que isso também parta o seu".

Nem sempre faço o que ele disse, mas é um dos melhores conselhos que já recebi. No entanto, o amor pelos outros só é completo e restaurador quando nasce de um amor legítimo por si mesmo. Portanto, o ponto de partida para a mudança e a reinvenção pessoal é a questão: "Onde está o amor?". Em outras palavras, o que realmente me importa na vida? Depois de responder a essas questões honestamente, você ainda deve se perguntar: "Como posso me abrir para as pessoas e me importar com elas? Como posso ser fiel a mim mesmo e também às pessoas que me cercam?".

Viktor Frankl é um sobrevivente de Auschwitz que perdeu a esposa em um campo de concentração nazista. Como médico, a única forma de escapar do terror que o cercava foi se importar com os companheiros de prisão. No livro *Man's Search for Meaning*,[d] ele escreveu:

> O amor é o propósito mais sublime que o ser humano pode almejar; a salvação se dá pelo amor. Para cada situação, há várias escolhas. Mesmo nas situações mais terríveis, podemos preservar um resquício de liberdade de espírito e pensamento. Podem tirar tudo de uma pessoa, menos a última liberdade humana: a escolha do próprio destino. A essência do ser humano jaz na busca de um sentido e um propósito. Podemos descobrir isso por meio de nossas ações e nossos feitos, experimentando um ideal e pelo sofrimento.

Resumo executivo

O amor é a base fundamental para tomar todas as decisões da vida. O amor é uma questão de escolha, portanto todos têm a capacidade de amar.

1. A falta de amor é subumana, mas o amor, às vezes, é contrário à sabedoria convencional.
2. Para ser grande, é preciso amar.
3. O amor é divino. Ele está dentro de todos nós.

Plano de ação

1. Pare alguns minutos e pense nos problemas mais difíceis da vida. Siga o conselho da atriz experiente e faça a pergunta: "Onde está o amor?".

---

[d] Publicado em português com o título *Em busca de sentido: um psicólogo no campo de concentração*, São Leopoldo, Sinodal, 2006 [N. do E.].

2. Faça uma auto-avaliação sobre cada uma das quatro manifestações de amor mencionadas neste capítulo. Em uma escala de 1 a 10, sendo que 1 corresponde a "nenhuma" e 10 a "muita mesmo", analise o nível em que esses atributos se expressam em sua vida:

   a. Curiosidade: 1 2 3 4 5 6 7 8 9 10

   b. Celebração: 1 2 3 4 5 6 7 8 9 10

   c. Comunhão: 1 2 3 4 5 6 7 8 9 10

   d. Compaixão: 1 2 3 4 5 6 7 8 9 10

3. Finalmente, pergunte: "O quanto eu me amo?". O suficiente para reorientar sua vida? Pode parecer egoísmo e egocentrismo, mas, se não nos valorizarmos, não conseguiremos valorizar realmente os outros.

Caixa de diálogo

Quais são minhas paixões?

1.

2.

3.

O que atrapalha ou anula o amor que sinto por mim mesmo, por minha família e pelo mundo?

1.

2.

3.

O que posso fazer para incorporar curiosidade, celebração, comunidade e compaixão ao meu estilo de vida?

1.

2.

3.

Advertência

Amar os outros sem antes se amar pode ser prejudicial para você e para os que o cercam. O amor autêntico, porém, nasce da crença na própria dignidade e valor, a qual se estende aos outros.

Recuperando-se em Nairóbi

Jud sentia-se culpado por estar mais interessado em sair de Loki-chokio do que em reviver a experiência do pai. Um desperdício de dinheiro, pensou. Todo esse dinheiro para vir a este lugar esquecido por Deus e passar a maior parte do tempo matando moscas.

Ele foi falar com alguns trabalhadores do grupo de ajuda humanitária sobre a situação. Embora admirasse seus esforços, essa iniciativa deixava-o mais deprimido do que encorajado. O fato de a ajuda humanitária ter-se tornado uma indústria desde que seu pai passara o verão ali décadas atrás dava a impressão de que a prática de alimentar pessoas inanes era inútil.

A situação em Lokichokio melhorara desde a visita de seu pai, mas ainda era um lugar desolador, sem esperança. Jud estava desanimado, cansado, sujo e ficou feliz quando o piloto o chamou a bordo. O homem estava ansioso para decolar o mais rápido possível e acelerou até o meio da pista, onde virou o avião abruptamente; em poucos segundos, a pequena aeronave subia em direção ao ar fresco.

Em boa parte da viagem de retorno, Jud dormiu e olhou a paisagem pela janela.

De volta a Nairóbi, encontrou um albergue para estudantes e, depois de um banho frio em um cubículo externo, rastejou para uma cama vazia. Ele decidiu abrir o envelope marcado com o número 3 na manhã seguinte. Estava cansado e queria dormir, mas teve de lutar para esquecer as imagens daquele dia gravadas em sua mente.

3

Persistência

"**Gambatte kudasai!**"

Palavras de encorajamento que os peregrinos japoneses
que descem do monte Fuji dizem aos que estão subindo

Caminhada na Tanzânia

O sol nasceu no céu do oriente, trazendo consigo o calor e o ar abafado. Jud dormiu profundamente por seis horas, antes de ser acordado por um coro de galos. Estava acostumado a algo um pouco mais luxuoso do que um albergue juvenil podia oferecer, mas sentia-se estranhamente confortável por acordar em um quarto cheio de viajantes. No café da manhã, ficou entretido com as histórias e depois, seguindo as instruções do pai, partiu para uma caminhada de duas horas. Jud sabia que Nairóbi não era um lugar muito seguro, no entanto o dia estava cheio de promessas e começou a caminhada sentindo apenas uma pontada de nervosismo. No meio da manhã, sentou-se à sombra de uma grande árvore antiga e abriu o envelope 3.

Querido filho:

Sua próxima parada é a Tanzânia, onde você fará o que sempre sonhei em fazer: escalar o monte Kilimanjaro. Aconselho-o a inscrever-se em uma expedição em vez de tentar ir sozinho. Há várias agências disponíveis e todas fornecem guias e o equipamento necessário. Alguns amigos que fizeram essa escalada recomendaram a rota Umbwe, que leva aproximadamente seis dias, incluindo um pernoite na boca do vulcão. O maior desafio será a altitude: o cume fica a quase 6 mil metros de altura.

A primeira vez que ouvi falar no Kilimanjaro ainda era garoto e, desde então, passei a sonhar com essa escalada. Kili, como é carinhosamente chamada essa montanha, é o pico mais alto da África e a maior montanha isolada do mundo. Espero realizar meu sonho indiretamente por seu intermédio. Não será fácil, mas faça um favor ao seu velho pai: escale-a por mim.

Com amor,
Papai.

"Muito bem, papai... valeu mesmo", Jud pensou. Não estava impressionado. Nunca fora muito de escalar, e seu pai sabia disso. Haviam subido algumas montanhas juntos quando ele era garoto, mas Jud achara o exercício maçante e exaustivo. Entretanto, como seu pai estava pagando e era parte de seu testamento, sabia que precisava fazê-lo. De volta ao albergue, Jud encontrou um folheto oferecendo diversos "pacotes para o Kili" e, em uma hora, todos os preparativos foram providenciados. Ele tinha uma semana para conhecer o Quênia antes de voar para Moshi, o aeroporto na Tanzânia mais próximo do Kili.

Nos poucos dias que se seguiram, Jud fez tudo que estava apto a fazer. Visitou o vale Rift e maravilhou-se com sua vasta planície e com o orgulhoso e colorido povo Masai que vivia ali. Gostou particularmente da vida selvagem de um rancho de caça e pesca que visitou nos arredores de Nairóbi. Pensou em ficar dois dias em um resort na praia de Mombasa, mas decidiu o contrário. Ir para o litoral não o ajudaria a se preparar para a caminhada de grande altitude que estava prestes a enfrentar. Qualquer que fosse o itinerário, procurou caminhar de duas a quatro horas por dia.

Jud acabou se animando com a idéia de escalar o monte Kilimanjaro, uma esperança que foi em parte estimulada pelas conversas com pessoas que já haviam escalado a famosa montanha ou que decidiram não fazê-lo.

— É uma montanha bem alta — declarou um australiano. — Subi em 1995... passei muito mal quando cheguei ao cume. Fiquei 20 minutos lá, vomitei, suportei a dor de cabeça, que latejava como um tambor, e fiz a descida de volta o mais rápido possível até um nível em que podia respirar.

— Uma escalada que fica gravada na memória como mosquito no mingau — declarou uma mulher do Kentucky. — Siga no seu próprio ritmo. Não deixe o agente de turismo forçá-lo a acelerar.

Uma pequena mulher britânica de 65 anos, vinda de Cotswolds, contou que escalara a montanha dez vezes. Seus pais viveram na Tanzânia durante muitos anos, e o Kili sempre fizera parte de sua vida.

— Quando você chegar ao cume, pare um pouco e pondere sobre sua vida — ela aconselhou. — Alcançar o cume é algo mágico. A vista do vasto horizonte através do ar rarefeito, limpo e claro, nos abre para um mundo de possibilidades. As preocupações e as pressões da vida cotidiana parecem deslizar para o seu devido lugar. Do topo do Kili, você verá o mundo e, quem sabe, com sorte, o seu futuro.

Quando chegou a hora de embarcar no avião para Moshi, a relutante resignação de Jud deu lugar a uma grande expectativa.

3ª dica: Perseverar é poder

Você deve estar pensando: "Sei que perseverar é importante, mas já ouvi essa história toda".

Espere! Se você pular esta seção, perderá um conceito que é fundamental para o livro inteiro. Então, acompanhe a cena que descreverei, antes que eu compartilhe com você um segredo "não tão secreto".

Há meio século, conta a história, num teatro em Oxford, um homem rechonchudo que gostava de charutos foi ao palco fazer um discurso. Seu nome era Winston Churchill. O grupo de estudantes e professores estava ansioso para ouvir o que ele diria nessa cerimônia de formatura. Winston Churchill fizera muitas conquistas, mas pagara um preço alto por isso. Ao tentar tornar-se mestre em Inglês, embora fosse mau aluno, e ao resistir na Segunda Guerra Mundial, Churchill demonstrou coragem e determinação. Todos os alunos, e professores também, admiravam-no.

Churchill encostou a bengala no palanque, colocou o chapéu sobre a pequena mesa e tirou o charuto da boca. Lentamente, levantou a cabeça, inclinou-se para a frente e, olhando ao redor do grande anfiteatro, murmurou uma frase três vezes, dando ênfase a palavras diferentes.

— NUNCA desista.

— Nunca DESISTA.

— NUNCA DESISTA.

Depois, endireitou o corpo, recolocou o charuto na boca, pegou o chapéu e, com a ajuda de sua bengala, saiu do palco. Por um instante, a platéia ficou estática, em silêncio, não apenas pela brevidade do discurso, mas também pela profundidade. Quando Churchill saiu de cena, o auditório explodiu em aplausos de reconhecimento. Ele não precisava dizer mais nada. Sua vida e seus feitos conferiam toda autoridade às suas palavras.

Sem dúvida, essa história aprimorou-se com o tempo, mas o fato de seu discurso ter se tornado uma lenda mostra o quanto é provocador.

Quando meus filhos fizeram 10 anos, subimos no monte Fuji, a montanha mais alta e sagrada do Japão. A escalada não é técnica, mas árdua. Imagine passar seis horas numa máquina de *step*, dentro de uma sala com pouco oxigênio, e terá uma idéia dessa subida cansativa e tediosa. No entanto, dezenas de milhares de pessoas fazem isso todo ano. No meio do caminho, encontramos uma fila de peregrinos infinita que descia, e todos que passaram por nós, sem exceção, nos cumprimentaram dizendo: *Gambatte kudasai*, que significa "fique firme" ou "não esmoreça". Na sociedade comunitária do Japão, as pessoas sempre usam essa expressão quando encontram alguém que está tentando realizar um empreendimento difícil. Dizem num tom que sugere algo como: "Pelo bem de todos, não desista". Eles usam a expressão no sentido de apreciação e admiração e na crença de que o objetivo pode ser alcançado.

É claro que nada disso é novidade. Desde pequenos, contam-nos que é a tartaruga quem ganha a corrida. É a consistência aborrecida da repetição de uma tarefa que produz o resultado desejado. Entretanto, a conquista do objetivo não é a única recompensa que obtemos com a perseverança. Algo mais, algo mágico e espiritual, acontece quando insistimos. Ocorre uma transformação interior, como se entrássemos em uma nova dimensão em que a neblina se dissipa e tudo fica claro quando entramos em um estado elevado de espiritualidade e consciência. Pode ser sutil, mas, aos poucos, cada vez que você insiste em ir além de sua suposta limitação pessoal, é recompensado com um céu mais azul, um jardim mais verde e uma visão mais clara daquilo que pode ser alcançado.

Em japonês, a palavra "crise" resume-se a dois caracteres japoneses: um significa "perigo" e o sentido do outro é uma mistura entre as palavras "oportunidade" e "promessa". Toda façanha que envolva persistência, seja emocional, intelectual ou física, tem um momento de crise em que você acha que não pode prosseguir e seu corpo clama: "Chega, não dá mais". Contudo, o corpo está apenas atendendo aos seus próprios limites e a experiências passadas. É nesse ponto que você sempre parou antes e, naturalmente, o corpo grita: "Nunca passei deste ponto antes. É um terreno desconhecido. Tem certeza de que deseja prosseguir?".

A personagem de desenho animado Homer Simpson tem sua própria receita sobre esse conceito e inventou uma palavra para descrevê-lo: "crise-tunidade". Toda crise oferece uma oportunidade desafiadora, e nós podemos desistir ou seguir em frente. Deve-se assumir uma nova mentalidade que sustenta: "Não sucumbirei à dor". Há sempre a ameaça do perigo quando a crise e a oportunidade se encontram, mas, se você persiste além da dor, certamente descobrirá aquele momento mágico de uma nova descoberta. Como uma águia que sobe em uma corrente térmica, você subirá a um nível que lhe trará uma nova perspectiva de si mesmo. No entanto, se uma crise não for criada nem forçada, você sempre viverá dentro dos limites previstos ditados pelas experiências anteriores. É claro que às vezes a dor é provocada por problemas muito reais que nos afligem: um amigo com câncer, a separação dos pais ou a morte de um filho num acidente de carro. Tudo isso causa sofrimento, e é importante sentir a dor e vivenciá-la, mas nunca a superaremos se não tomarmos a decisão de fazê-lo. Tudo se resume nisso, em uma escolha: seguir em frente, sobreviver e conhecer dias melhores.

Muitas pessoas supõem que a vida não pode mudar; elas vivem presas ao que já aconteceu. Os sonhos são reprimidos e relegados ao impossível. Todavia, nunca é tarde demais para tomar uma atitude e abraçar o futuro. Isso exigirá, no entanto, disciplina e força.

No ano de 2000, decidi percorrer o território do Japão de bicicleta, na migração anual da floração da cerejeira. A estação de floração da cerejeira é uma época de festas, muitas, aliás, ao ar livre, em que se come *sushi* e se toma saquê sob dosséis de pétalas cor-de-rosa. Diverti-me muito pedalando os 3.200 km, a extensão do Japão, e participando das festividades da estação, mas não foi fácil. Mais de uma vez, pensei em desistir. Saudades de casa, tendinites, péssimas condições climáticas, notícias de acidentes na família... com tudo isso foi muito difícil prosseguir em certos momentos. Uma vez fui preso por atravessar inadvertidamente uma área proibida. Quando, finalmente, cheguei a Hokaido, fiquei exultante, liguei para minha mulher e deixei uma mensagem entusiasmada no serviço de caixa postal. Uma semana depois, pedalando na direção do litoral a fim de pegar uma balsa e voltar para casa em Nagoya, tive uma espécie de epifania. Descia a montanha de bicicleta numa estrada tranqüila em uma floresta silenciosa. Uma chuva suave molhava meu rosto e refrescava minha pele. O reconhecimento de que completara a jornada a que me dispusera a fazer enlevou minha alma. Foi como se minha bicicleta, a paisagem e eu nos fundíssemos. Veja como descrevi a experiência em meu livro, *Chasing the Cherry Blossom* [Seguindo o desabrochar das cerejeiras]:

> A floresta à minha volta era tranqüila, num silêncio perturbado apenas pelo zunido das rodas sobre a superfície molhada do chão e o suave estalido das gotas batendo em minha capa de chuva. Meu espírito e minha mente se fundiram e meus pensamentos vagaram. Era meu último dia nessa viagem solitária, e eu estava exultante por saber que alcançara meu objetivo. Estava mais rico em muitos aspectos, mas será que a jornada trouxera algum discernimento sobre a condição da meia-idade? Encontrara alguma resposta para as questões sobre minha vida, passada e futura, que com freqüência vinham à tona? Foi então que aconteceu, tão claro quanto um sussurro num quarto silencioso. Foi um momento espiritual, em qualidade e conteúdo, embora desprovido de qualquer sinal estranho ou extraordinário. Não ouvi nenhuma voz estrondosa partindo do céu, mas as palavras que me vieram à

mente eram de uma clareza extraordinária, revelando e eliminando qualquer insegurança. Elas vieram como uma explosão no fim de uma sucessão de idéias. Por mais fugaz que fosse o momento, as palavras não teriam tanto poder e não produziriam tanto bem se não fossem as seis semanas de pedaladas que antecederam o evento. Naquele instante, percebi claramente que a questão que me assombrava não era exatamente "quem eu sou?", mas "isso é tudo?". Será que os grandes desafios de minha vida haviam se acabado? Era a essa questão, a esse receio, que aquelas palavras que me ocorreram respondiam: "Os desafios do passado serão suplantados por maiores desafios no futuro. Seu tempo não acabou; ainda está por vir. Contudo, você está vivendo uma fase especial, um período de privilégio em que o grande desafio é amar sua esposa, criar seus filhos e se desenvolver!".

Atravessei o Japão de bicicleta para ouvir essas palavras.

Mais uma coisa sobre perseverança: ela é como um músculo que precisa ser exercitado para se fortalecer. Meu filho e eu aprendemos uma importante lição praticando *mountain bike* há alguns anos. Estávamos em uma pista de via dupla em uma floresta perto de casa, pedalando 8 km até o topo. Havia curvas íngremes em s. Ryan, com 10 anos de idade, não estava conseguindo subir e desceu da bicicleta a certa altura, querendo desistir. Estava arrependido de tê-lo levado comigo. Um amigo que nos guiava ofereceu-lhe um conselho:

— Ryan — ele disse —, para chegar ao topo desta montanha, é preciso ter duas coisas: um corpo forte e uma boa bicicleta. No entanto, a montanha se conquista com a mente. Você irá longe na vida se conseguir desenvolver força e disposição mental.

Ryan montou na bicicleta novamente e pedalou até o topo.

Recentemente, no meu aniversário de 50 anos, meu irmão veio do Canadá para se juntar a mim em uma caminhada comemorativa de 50 km ao redor de Nagoya. Ele fizera outras caminhadas de longa distância antes, mas nunca com essa distância específica. Ele ficou legitimamente orgulhoso de si mesmo quando terminou em relativa boa forma e declarou, satisfeito: "Agora que sei que posso percorrer distâncias maiores, farei caminhadas mais longas através do país". A questão não é que ele estava melhor fisicamente, mas se tornara mais forte mentalmente. Leva tempo e, como qualquer outro treino de força, é preciso ir devagar e sempre; mas a mente se fortalece com o tempo e a prática.

Resumo executivo

A recompensa por perseverar ou persistir não é apenas a satisfação de alcançar o objetivo, mas também a magia de um momento espiritual em que somos elevados a um plano superior, um lugar em que a clareza e a criatividade se fundem e a alma se renova.

1. A perseverança é essencial para alcançar qualquer objetivo.

2. Em geral, é inesperado, mas há um momento de "elevação" quando persistimos.

3. O músculo da perseverança precisa ser desenvolvido. Leva tempo para passar gradualmente por todos os estágios até alcançar o destino.

Plano de ação

1. Inspire-se. Leia um livro sobre alguém que realizou um grande feito. Atente para os momentos em que a pessoa decide perseverar diante das dificuldades ou dos obstáculos.

2. Reflita sobre sua vida e quaisquer realizações que lhe proporcionaram satisfação. Que lição você pode aprender com elas?

3. Estabeleça algumas metas de curto prazo que possam desenvolver e exercitar o músculo mental necessário para perseverar. Use essas realizações para buscar metas maiores.

Caixa de diálogo

O que me motiva?

1.

2.

3.

O que me faz desistir?

1.

2.

3.

Que medidas posso tomar para fortalecer o músculo da perseverança?

1.

2.

3.

Advertência

Há momentos em que devemos simplesmente desistir. O ato de abandonar um sonho e desistir da busca obstinada por um objetivo é capaz de nos libertar, renovar e impulsionar em uma nova direção.

Extasiado no Kilimanjaro

— VITÓRIA! — Jud gritou no topo.

A subida na montanha foi simplesmente fatigante e, em alguns momentos, torturantemente dolorosa. Em mais de uma ocasião, ele pensou em desistir. Se não fosse pelo estímulo e encorajamento dos outros, não teria conseguido. Seus pulmões suplicavam por oxigênio, mas a exultação de ter chegado ao cume distraiu-o momentaneamente. A vista era espetacular; uma ampla extensão da África podia ser vista em todas as direções. Jud parou um pouco para saborear o momento, admirando a vista ao redor. O ar frio e mordaz batia em seu rosto. O guia organizou as fotos obrigatórias e depois avisou que estava na hora de descer até a cratera, onde armariam as barracas para passar a noite. Eles levariam algumas horas para chegar ao acampamento.

Ingenuamente, Jud pensou que a descida seria fácil, mas descobriu que era muito mais difícil do que a subida, especialmente para seus joelhos. Fora tolice optar por apenas um bastão de caminhar, pois agora desejava ter dois. Os escaladores finalmente chegaram ao seu destino, rapidamente armaram as barracas no centro da montanha e jantaram. Depois disso, Jud retirou-se para descansar. Caiu no sono imediatamente, mas não durou muito. Acordou três horas depois sentindo uma tristeza profunda que não compreendia naquele momento.

Estaria apenas cansado e dolorido? Quando estava completamente desperto, percebeu o que era: estava com saudades de seu pai.

— *Mas que droga, papai* — *murmurou.* — *Por que você está fazendo isso comigo?*

Estava com saudades de Kathryn também. Embora mantivesse um contato regular, enviando mensagens de e-mail *sempre que encontrava um* cyber café, *tinha saudades da esposa. Ele poderia estar em casa, no conforto de sua própria cama, com Kathryn ao seu lado e o cachorro no chão. Em vez disso, sentia-se extremamente solitário naquela pequena barraca, em meio a uma comunidade de pequenas barracas, no fundo de uma cratera de vulcão na montanha mais alta da África.*

— *Droga!* — *praguejou de novo.*

Jud odiava chorar, mas as lágrimas eram incontroláveis.

— *Por que você tinha de morrer, papai?* — *sussurrou revoltado, com receio de acordar os companheiros viajantes.* — *Por quê? Por quê? Por quê?*

As lágrimas quentes abrandaram-se quando a manhã cinza que despontava no céu como um lençol sujo e desbotado exibiu alguns raios de luz que iluminaram sua pequena, mas privada barraca. Sentindo-se mais animado com o nascer do sol, Jud pegou o envelope marcado com o número 4 e fitou-o por mais de uma hora. Não sabia se queria ou não prosseguir. Que outro esquema idiota seu pai teria tramado? Sua hesitação em continuar ou não finalmente foi suplantada pela curiosidade, e ele abriu o envelope. Dentro, havia um bilhete com dois envelopes menores selados. Em um, estava escrito: "Leia em Dubai" e, no outro, estava: "Leia em Cingapura".

> *Querido filho:*
>
> *Meus parabéns! Presumo que você fez a escalada do Kili. Se não conseguiu chegar ao cume, admiro-o por tentar. Queria estar com você, filho. Viajar é mudar, mas a mudança não acontece sem um custo. Pode ser difícil, sim, mas também é empolgante.*

Neste momento, você está em uma parte do mundo completamente diferente. Há algo de primitivo, básico e rústico na África. É um continente enegrecido pela pobreza. Agora você irá para a Ásia, onde o desenvolvimento é exorbitante e as riquezas são abundantes.

Você teve um vislumbre da grandeza do mundo no topo do Kili e irá para outro lugar que lhe mostrará o quanto este planeta é grande e diverso: Cingapura. Contudo, quero que você vá por Dubai e procure ficar pelo menos três horas na sala de embarque de lá.

Tenho orgulho de você.

Papai.

4

Geografia

"Sempre me inspirei no processo da viagem:
abre nossos olhos para tudo que está à nossa
volta em casa, mas nunca reparamos."

PICO IYER, ESCRITOR NASCIDO NA ÍNDIA,
ALFABETIZADO NA INGLATERRA, CRIADO NA
CALIFÓRNIA E QUE, ATUALMENTE, VIVE NO JAPÃO

Voando para Cingapura com escala em Dubai

*Jud estava confuso, mas não havia motivo para não seguir os
planos de seu pai agora que já estava tão envolvido. Por isso, mais
uma vez em Nairóbi, agendou fielmente os vôos para Cingapura com
escala em Dubai.*

*O amplo saguão em Dubai deixou Jud embasbacado; os restauran-
tes e corredores de lojas eram dignos de qualquer* shopping center *do
mundo e, além disso, havia um hotel, uma piscina e uma academia de
ginástica. Jud passeou pelo lugar, no início fascinado pela quantidade
de produtos à venda, mas depois interessando-se mais em ver e ouvir
as pessoas que passavam. A maioria delas só veria uma vez, mas com
algumas depararia outras vezes.*

Pensou em pagar 30 dólares para ter acesso à sala de embarque VIP, mas hesitou, pois desrespeitaria as instruções de seu pai. A idéia de sentar-se em um saguão tranqüilo e luxuoso era tentadora; então, pensou consigo: "Que diferença faz? Afinal, o aeroporto inteiro é uma sala de embarque. Estamos todos esperando, matando o tempo. O aeroporto não é o destino final para nenhum de nós, apenas uma área de trânsito pela qual as pessoas passam".

Jud continuou caminhando. Ele ficou fascinado com o controle de passaportes, o carimbo nas carteiras e a revista na bagagem. A maioria dos viajantes eram liberados rapidamente, enquanto outros passavam por um exame mais minucioso. Alguns foram escoltados por corredores misteriosos, o que deixou Jud nervoso e irrequieto.

Anunciaram seu vôo, mas, ao se acomodar no assento, sentiu que estava esquecendo algo. Fez uma vistoria na bagagem para verificar se tudo estava no lugar: passagem, passaporte, traveller's checks, *carteira, os envelopes restantes etc.*

— É isso! — disse em voz alta. — O envelope que deveria ler em Dubai.

> *Querido filho:*
> *A sala de embarque é como uma encruzilhada. Ela nos lembra de que o mundo é grande e podemos viajar para vários lugares.*
> *Durante anos, sempre fui para o mesmo lugar. Em algum ponto no meio do caminho, adotei a falsa noção de que a vida está decidida e de que, depois que escolhemos um caminho, não há retorno. No entanto, depois que sua mãe morreu, minha vida ficou perturbada e fui forçado a questionar meu destino. Na verdade, estava sentado no terminal de um aeroporto olhando para o quadro de saídas quando percebi que o futuro estava em minhas mãos. Fiquei assustado e animado ao mesmo tempo. Sabia que tinha o poder de escolher para onde queria ir.*
> *Sinto imensamente que sua mãe não esteja mais ao meu lado, mas sou grato pelo último presente que ela me deu: um chamado a*

despertar. Ela me mostrou que a vida tinha muito a me oferecer e que eu tinha muito a oferecer ao mundo.

Estou falando demais, perdoe-me, mas espero que você tenha vivido o que estou tentando dizer. Jud, você tem o poder de escolher o curso de sua vida. Não se deixe levar pela correnteza; saia em busca de seus sonhos.

Faça uma boa viagem.

Papai.

P.S.: Ao chegar em Cingapura, continue com os olhos bem abertos para o mundo à sua volta.

Jud chegou ao aeroporto de Changi, em Cingapura, e passou pelo controle de passaportes. Ao atravessar o terminal, notou que, embora o estilo e a concepção fossem diferentes, havia sutis semelhanças entre Changi e Dubai. Ele até reconheceu alguns rostos familiares.

Depois de passar pela imigração, pegou um táxi para o centro. O metrô era mais barato, mas ele queria um contato social, alguém com quem conversar. Além disso, como descobriu, o táxi ali era barato em comparação com lugares como Nova York e Londres. As instruções eram claras: "Vá para o centro, caminhe e observe". O plano era passar pelo menos duas noites nessa cidade incrível; felizmente, Jud chegou bem no ano-novo chinês. Em vez de se hospedar em um hotel, perguntou ao taxista qual era o melhor lugar para experimentar as comemorações do ano-novo.

— Chinatown, é claro! — declarou o homem.

Jud sentiu-se um idiota.

— Claro. Leve-me para lá — disse.

— OK! Você tem sorte.

— Sorte? Por quê?

— Esta é a melhor noite do ano-novo.

— Ah, é? Por quê?

— *Todo mundo está fazendo um jantar de reunião — explicou o motorista. — Nesse jantar, a família inteira se reúne para uma refeição tradicional, antes de festejar nas ruas.*

— *Você vai a um jantar de reunião? — Jud quis saber.*

— *Claro, mas primeiro preciso ganhar dinheiro.*

— *A que horas você janta?*

— *Por volta das oito!*

O taxista deixou Jud no início de Chinatown. Ele saiu caminhando pelas ruas estreitas, apreciando a dissonância dos lugares, sons e aromas tropicais. O cheiro de frutas e temperos perfumava agradavelmente o ar úmido e quente. Em todo lugar, as pessoas bebiam a cerveja local e comiam bolinhos de ano-novo; alfaiates vendiam ternos.

Jud saiu de Chinatown e seguiu em direção ao cais. Lá, passou por bares à beira-mar onde viu grupos de pessoas pálidas com camisas brancas reunidas no fim de um dia de trabalho. Pensou: "Se não fosse pelo calor e pelos odores no ar, poderia jurar que estou em Londres ou Nova York".

Caminhou pelas estátuas dos europeus que moldaram Cingapura, homens como Joseph Conrad e Alexander Laurie Johnston, o primeiro presidente da Câmara de Comércio. Jud parou por alguns minutos à sombra de um túnel de pedestres onde um grupo de dançarinos ensaiava. Finalmente, depois de várias horas e com fome, sentou-se em um restaurante tailandês perto da Esplanada e pediu pratos de que nunca tinha ouvido falar antes, mas que achou atraentes. Fartou-se com tom tu talay, *sopa de frutos do mar e frango grelhado com molho de ameixa tailandesa.*

4ª dica: As mudanças podem estimular a transformação pessoal

Pouco depois de completar 40 anos, tomei uma das decisões mais importantes de minha vida: seguir o conselho de minha esposa e me mudar com a família para o outro lado do mundo.

Minha vida no Reino Unido era cheia, mas da mesma coisa: reuniões, reuniões e mais reuniões, em geral separadas por mais de 160 km de distância. Quase sempre, saía de casa antes que minha família acordasse e voltava bem depois que estava dormindo. Minha saúde era frágil e meu casamento, sem graça. Estava ficando cada vez mais alienado. A paixão estava desaparecendo e, muitas vezes, acordava deprimido e frustrado.

Então surgiu a oportunidade de mudarmos para o Japão. A opção do Japão não apareceu de repente. Minha esposa, Kande, nasceu e foi criada no Japão. Filha de missionários canadenses, Kande deixou o Japão com 17 anos, mas sempre sonhou em voltar. Quando estávamos namorando, combinamos que, assim que nos casássemos, iríamos para o Canadá e depois para o Reino Unido, colocando meus interesses em primeiro lugar, mas um dia os dela teriam precedência e iríamos para o Japão. O acordo pareceu-me razoável, sendo um homem da geração de 1980, mas, para ser franco, nunca pensei que aconteceria. O Japão era muito distante, estranho e caro para se tornar uma opção viável. Entretanto, em 1995, tomamos essa decisão, e minha vida nunca mais foi a mesma. Não apenas meu estilo de vida mudou, mas eu também mudei. Eu acordei.

A questão é que uma coisa extraordinária acontece quando você muda para uma nova terra, uma nova cultura e uma nova vida: seus sentidos ficam aguçados. No meu caso, eles excederam todos os limites.

Eu estava alheio ao mundo à minha volta. O que era familiar tornara-se invisível, mas a estranheza de uma nova terra estimulou-me e despertou-me, e comecei a me levantar cedo para explorá-la. Minha primeira aventura foi subir a montanha para procurar uma nova casa. De lá do topo, observei a cidade com um telescópio, examinando sua topografia e seus pontos de referência. Olhei na direção oposta, onde ficam as montanhas, e gostei da paisagem dos Alpes japoneses ponteados pela neve branca. Parecia um garoto numa loja de doces. Tudo era diferente, e jurei que exploraria essa nova terra, intelectual, espiritual, social e fisicamente. Fiz duas promessas para mim mesmo:

1. Depender menos do carro e mais de meus próprios meios de transporte.
2. Jogar fora minha agenda. Em vez de programar a semana em segmentos de 15 minutos, assumiria tantos compromissos quantos pudesse guardar na memória, sem precisar escrever.

Em seis semanas, comprei uma bicicleta com a qual explorava a cidade e o campo, e ia para a escola de idiomas em que havia me inscrito. Depois de alguns meses, decidi percorrer o território do Japão de bicicleta. E, no geral, consegui sobreviver sem minha agenda! A mudança de lugar me renovou e descobri um novo ritmo.

Sei o que você deve estar pensando: *Percebo o que você quer dizer, mas mudar de lugar não muda a pessoa que você é.*

Sem dúvida. Vale o dito popular: você é sempre a mesma pessoa, não importa o lugar. Depois que passa o deslumbramento pelo novo lugar, resta você. Os velhos problemas e as velhas características voltam à tona. No entanto, a questão é que uma mudança, novos estímulos, novas experiências sensoriais talvez não mudem muito a sua pessoa, mas podem despertar aspectos esquecidos e adormecidos. Sim, a resposta está dentro de você, e não no ambiente, mas a mudança de lugar desperta a parte mais íntima de nosso ser, quando deparamos e desfrutamos novos estímulos sensoriais.

Frances Mayes, autora do romance *Under the Tuscan Sun*,[a] conta que algo semelhante a fez mudar da Califórnia para a Itália.

---

[a] Publicado em português com o título *Sob o sol da Toscana,* Rio de Janeiro, Rocco, 1999 [N. do E.].

Ela descobriu que seu modo de escrever não apenas se renovou, mas melhorou: "[...] o lugar mudou o fluxo de meu raciocínio: deixei de escrever apenas segmentos e passei a formular sentenças completas. Fez uma grande diferença para mim. Por isso, quando mudei de vida, meu perfil mudou". Sou a favor da mudança de lugar não apenas porque estimula nossos sentidos, mas porque amplia nossos horizontes.

Pico Iyer, colaborador da revista *Time* e escritor aclamado, fala de uma nova geração de seres humanos, com uma "alma global". As pessoas com alma global sentem-se à vontade em qualquer parte do mundo. Elas são inquietas e se sentem motivadas por novas experiências e novos lugares. A sensação de novidade pode durar anos ou até décadas, porque a curiosidade e a busca por aventura são estados de espírito. Dizem que as almas globais se entediam rapidamente, mas é exatamente o oposto. Elas estabelecem raízes onde quer que estejam, e essas raízes as acompanham mesmo que mudem de lugar. Elas são motivadas pelo amor à vida e pelo sentimento de aventura, por descobrir tudo o que o mundo tem a oferecer.

Meus dois filhos tornaram-se almas globais. Os educadores usam a expressão "filhos da terceira cultura". Essa designação é usada para descrever os filhos de missionários e de pessoas que trabalham em outro país, as quais enfrentam um problema peculiar: não fazem parte da cultura de seu país de origem nem da do país estrangeiro. Eles realmente formam uma terceira cultura. Talvez no passado isso fosse um problema, mas hoje as crianças da terceira cultura são admiradas, pois transitam facilmente por aeroportos, culturas e idiomas. A janela do quarto de meu filho mais velho tem vista para o aeroporto de Nagoya, quer dizer, o antigo aeroporto. Um novo foi construído recentemente em uma ilha artificial que fica aproximadamente 60 km ao sul da nossa casa. No jantar, alguns dias depois da sua inauguração, meu filho comentou que sentia falta de ver os aviões pousarem e decolarem, um lembrete de que qualquer lugar no mundo estava apenas a algumas horas de distância.

Mudar de lugar é um ótimo antídoto para a crise da meia-idade. Àqueles que acham que viajar é uma maneira de escapar e fugir da vida real, só posso dizer uma coisa: é claro que é! E qual é o problema em fazer isso? Fugir pode ser bom. Se a sua vida estivesse correndo algum perigo, você não tentaria fugir? Não levaria sua família junto? Fugir do perigo é uma atitude sensata e positiva. Partindo dessa premissa, se a sua vida está correndo o risco de se tornar monocromática, então por que não mudar? É claro, um bom planejamento é necessário, assim como dar a devida atenção às suas responsabilidades em relação àqueles que o amam e para com aqueles com os quais você tem obrigações, como seu patrão e o "leão" da receita. As responsabilidades existentes precisam ser levadas a sério, mas afirmo que, para muita gente, a única maneira de despertar os sonhos adormecidos é mudar de lugar.

Resumo executivo

Mudar de lugar faz bem para a alma e força a mente a atingir sua melhor forma. Cada nova descoberta, por mais prosaica que seja, aumenta a alegria de viver.

1. Passar um tempo no aeroporto nos ajuda a lembrar de que o mundo é muito grande e está cheio de oportunidades.

2. O nervosismo que se sente ao viajar e cruzar fronteiras não deve ser visto como uma advertência quanto ao perigo, mas um sinal de que uma grande aventura está prestes a acontecer.

Plano de ação

1. Faça uma lista dos lugares que você sempre sonhou visitar, mas não inclua as idílicas férias na praia. As pessoas

que sonham com férias na praia em geral estão pensando em "descanso", ou seja, estão exaustas. Tente imaginar lugares e experiências que o manterão acordado, não simplesmente dormindo.

2. Agora responda: o que o está impedindo de ir para lá? Dinheiro, obrigações ou seria falta de tempo?

3. Você não precisa ir para longe. Faça uma experiência e vá passear em um bairro pelo qual normalmente passa de carro. Anote tudo que vir, ouvir e sentir e que nunca havia experimentado antes. Anote o que você observou ou sentiu sobre o bairro que nunca percebera antes.

4. Finalmente, responda: quando foi a última vez que você se sentiu completamente vivo? Quando se sentiu cheio de curiosidade e contentamento, achando que fazia parte de algo maior que a vida? Registre essa experiência e aprenda tudo o que puder com ela.

Caixa de diálogo

Lugares para visitar:

1.

2.

3.

O que está me impedindo:

1.

2.

3.

Que medidas preciso tomar para conhecer o mundo à minha volta?

1.

2.

3.

Advertência

Para ser construtivo, o prazer sensorial deve ser desfrutado dentro de uma estrutura de valores.

Vivo na Esplanada

Embora cansado fisicamente, Jud estava atento às paisagens, aos sons e odores que o rodeavam. Tinha saudade de Kathryn, mas sentia-se feliz por estar ali. Contente e inquieto ao mesmo tempo, decidiu que era uma boa hora para ler a mensagem seguinte. Tomou mais um gole da cerveja asiática e abriu o envelope em que estava escrito: "Ler em Cingapura".

Bem-vindo a Cingapura, Jud!

Na primeira vez que estive aí, fiquei assombrado e abismado com a energia e a diversidade da comunidade desse centro de convergência. Cingapura é uma cidade de maravilhas, não apenas naturais — como fica perto do equador, é estratégica e espetacular —, mas também uma maravilha cultural e histórica. Cingapura está em todo lugar e em lugar algum. É um microcosmo não apenas da Ásia, mas do mundo. Essa cidade foi construída baseada no

*comércio e tornou-se um mercado mundial. De Cingapura, pode-se
ver o mundo. Dê uma boa olhada!*

Com amor,
Papai.

P. S.: Cuidado com as bebidas de Cingapura!

*O sol estava se pondo, colorindo o singular edifício da Esplanada
atrás de Jud com uma luz cor-de-rosa alaranjada. Era como se alguém
diminuísse a intensidade da luz com um* dimmer. *Conforme a luz
do sol diminuía e lentamente mergulhava no horizonte, as luzes da
cidade começaram a cintilar na crescente escuridão. A silhueta de um
grande navio cargueiro atravessou o porto no crepúsculo, formando
pequenas ondas nas águas calmas. Jud fechou os olhos e uma suave
sucessão de imagens passou por sua mente na mesma velocidade que o
cargueiro: o* pub *em Londres, a sala de mapas da Royal Geographical
Society, a desolação do nordeste do Quênia, o frio penetrante do cume
do Kilimanjaro e, agora, as cores e a agitação de Cingapura.*

5

Dinheiro

"Vou para a sepultura afirmando que quanto menos você gasta mais se diverte, quanto mais autêntica for a experiência, mais profunda, empolgante e inesperada será."

ARTHUR FROMMER, EDITOR E ESCRITOR DE GUIAS TURÍSTICOS

"Quando você se abre para um país ou uma pessoa, encontra riquezas que jamais imaginou."

PICO IYER

Loucura de Mindanao

Era sua primeira visita à Ásia, e Jud ficou deslumbrado com os sabores, as paisagens e os sons de Cingapura. A diversidade do povo, a riqueza da história e a dinâmica da cultura desse país afetaram-no de forma inesperada. Ele queria mais.

No terceiro dia, Jud acordou cedo e caminhou até passar a Orchard Road. Finalmente, ao se aproximar do Raffles Hotel, no fim da tarde, decidiu se regalar com um coquetel no bar. Sentou-se em uma ampla cadeira de ratã, segurando o drinque gelado e colorido em uma das mãos e o conteúdo do envelope 5 na outra.

Querido filho:

A próxima fase de sua jornada o levará de Cingapura, onde a riqueza e a prosperidade são visíveis em todo lugar, para um lugar muito diferente, onde as pessoas vivem com muito menos: o sudeste da ilha filipina de Mindanao. Tenho um amigo, muito querido por sinal, que era porteiro no hospital em que sua mãe fez tratamento de câncer: seu nome é Roberto. Ele retornou à ilha, sua terra natal, para ajudar a mãe idosa e gerenciar a loja da família e uma pequena agência de viagens que montou, chamada Davao Walking Tours. Depois que sua mãe morreu, ele me convidou para um passeio turístico de uma semana junto com ele em Mindanao. O tempo que compartilhamos juntos nas montanhas de Mindanao foi decisivo. Voltei para casa determinado a ter uma vida saudável e equilibrada, pensando menos em dinheiro e mais em aproveitar a vida. Ganhei uma nova perspectiva de mim mesmo e de como a outra metade, ou melhor, 90% do mundo, vive.

Só uma coisa. Quando fizer o passeio com ele, não leve nada consigo, apenas um bloco de notas e remédio contra malária. Roberto providenciará todo o resto, embora não se precise de muito mais que isso. Eu disse a ele que um dia você poderia aparecer, portanto creio que ele não ficará muito surpreso. Anotei o telefone dele no verso deste bilhete.

Com amor,
Papai.

No fim do dia, Jud ligou para Roberto. Este soubera da morte de seu pai por meio de amigos no hospital e expressou suas condolências a Jud.

— Recebi uma carta de seu pai há poucas semanas — disse. — Ele me contou sobre seu plano de enviá-lo para uma aventura no mundo e me perguntou se você poderia me visitar.

Jud percebeu que Roberto era um homem compassivo.

— Você terá de passar uma noite em Manila — Roberto aconselhou-o —, mas pegue o primeiro vôo para Davao no dia seguinte.

Ficaremos pelo menos uma semana nas montanhas, mas sua jornada terminará na praia.

— Parece ótimo — Jud respondeu. — Vejo você em dois dias!

5ª dica: Dinheiro é importante... mas não tanto quanto você pensa

A relação entre a quantidade de dinheiro a ser gasta e a intensidade da aventura não é tão grande quanto se pensa. Dois escritores de guias de viagem do século 18, Alexander von Humboldt e Xavier de Maistre, são exemplos de diferentes abordagens de viagem e exploração.

Alexander von Humboldt escreveu um livro chamado *Journey to the Equinoctial Regions of the New Continent* [Jornada às regiões equinociais do Novo Continente], que é uma crônica de sua jornada na América do Sul. Ele não poupou gastos para fazer essa viagem. Seus aparatos e equipamentos incluíam:

- dez mulas;
- 30 malas;
- quatro intérpretes;
- um cronômetro;
- um sextante;
- dois telescópios;
- um teodolito Borda (instrumento usado para medir distâncias);
- um barômetro;
- um compasso;
- um higrômetro (instrumento para medir a umidade);
- cartas de apresentação do rei da Espanha;
- uma arma.

Outro escritor do mesmo período, Xavier de Maistre, nascido nos Alpes franceses, acreditava que não era preciso fazer uma viagem distante nem gastar muito para ser explorador. Seu destino era seu próprio quarto! O volume que escreveu em seguida foi publicado sob o título *Journey Around My Bedroom*.[a] Fez um sucesso tão grande que ele escreveu uma continuação chamada *Nocturnal Expedition Around My Bedroom*.[b] Na segunda expedição, ele foi um pouco além e concluiu a jornada no parapeito da janela. Diferentemente da elaborada lista de recursos de Humboldt, Maistre necessitava apenas de um pijama para sua jornada. Ele recomendou a viagem no quarto "aos pobres e aos que temem tempestades, roubos e despenhadeiros". Queria mostrar que a falta de dinheiro não é desculpa quando a pessoa quer ser aventureira ou exploradora.

Escrevi um livro há alguns anos chamado *Boys Becoming Men* [Garotos tornando-se homens], no qual defendo a organização de aventuras que serviriam como um ritual de passagem da puberdade. Depois do lançamento, vários homens me escreveram dizendo: "Para você, não há problema, porque você tem dinheiro!". Fiquei espantado com essa reação por dois motivos. Primeiro porque nossos filhos valem o investimento e segundo porque não está certo supor que as aventuras são caras.

Dinheiro é importante, é o que move o mundo, mas não é tão necessário quanto se pensa, por dois motivos.

1. Última vontade

Não, não estou falando da preparação de um testamento (embora todo adulto responsável deva fazer um). Refiro-me à maneira

---

[a] Publicado em português com o título *Viagem ao redor do meu quarto*, São Paulo, Estação Liberdade, 2001 [N. do E.].

[b] Publicado em português com o título *Expedição noturna ao redor do meu quarto*, São Paulo, Estação Liberdade, 2001 [N. do E.].

incrível, e até misteriosa, pela qual o ser humano pode, pelo poder de escolha, "decidir" como algo acontecerá.

Sou de uma família de viajantes. Meu pai costumava anunciar com um ano de antecedência que no ano seguinte estaríamos em tal e tal lugar, os quais em geral ficavam no outro lado do mundo. Isso sempre acontecia, muito embora no momento do anúncio não houvesse nenhum plano traçado nem dinheiro guardado. Nós, os filhos, achávamos que ele tinha enlouquecido quando fazia essas declarações, mas, veja só, um ano depois, lá estávamos nós, em outro país, desfrutando o resultado, exatamente como ele disse que aconteceria. Seu lema era: "Você pode se disser que pode". E agora estou vendo que papai não estava divagando. Também faço as coisas acontecerem. Penso em um desafio e digo: "Farei isso". Assim que decido, tudo começa a acontecer e eu consigo realizar aquilo a que me propus. Talvez seja esse o segredo para realizar coisas que consideramos impossíveis: ser decidido, empenhar-se e buscar o que se quer.

Frances Mayes, que viu seu sonho de adquirir uma casa na Toscana tornar-se realidade, disse: "Acredito na força de vontade. É preciso confiar no seu poder, acreditar que é possível conseguir o que se quer sejam quais forem as circunstâncias".

Conheci várias pessoas que faziam exatamente isso: tomavam uma decisão, e depois, misteriosamente, surgia a oportunidade. Elas estavam preparadas emocionalmente e, por isso, não hesitavam.

2. Viajar na primeira classe não está com nada

Aprendi várias lições com as viagens. Uma delas é que as melhores viagens são aquelas nas quais você passa longe de *resorts* internacionais e de quem se hospeda neles. Esses lugares estão cheios de turistas pouco interessados em exploração, que optam por ficar dentro dos limites de segurança do hotel.

Há cinco anos, realizei um sonho: percorrer o território do Japão de bicicleta. Foram seis semanas. Eu já estava feliz em descobrir o Japão, mas não imaginava o prazer que seria viver de forma simples e com pouco dinheiro durante um mês e meio. Todos os meus pertences cabiam em duas pequenas cestas (sacolas do selim). Não há nada como sentir o peso dos seus pertences numa bicicleta para ajudá-lo a reduzir a bagagem ao estritamente essencial. Comecei a viagem com três sacolas, mas, no fim do primeiro dia exaustivo, depois de pedalar mais de 100 km com a bicicleta carregada, reduzi minhas necessidades ainda mais, remetendo uma delas para casa. E quer saber de uma coisa? A vida simples e descomplicada é uma realidade para a maioria das pessoas no mundo, uma questão que não passou despercebida para o grande escritor de viagens Arthur Frommer:

> Quando você vive prodigamente, está tendo um tipo de vida que somente uma pequena parcela da população mundial usufrui, a qual o desfruta basicamente para exibir um padrão social. Levei um bom tempo para descobrir que é muito mais interessante conversar com as pessoas que normalmente estão na classe turística ou na sala do café da manhã de uma pensão do que com os ricos da primeira classe.

Uma das grandes oportunidades que surgem com uma grande mudança é a chance de limpar a garagem, o guarda-roupa, a lista de pertences... e começar do zero. É uma sensação maravilhosa de liberdade. Quando Kande e eu começamos a falar sobre nossa mudança, imaginamos que enviaríamos tudo para o Japão. Acabamos vendendo ou dando 95% de nossos pertences (inclusive minha biblioteca). A decisão de liquidar nossos bens não apenas aumentou nossas reservas (dinheiro é muito mais fácil de enviar do que um sofá), mas também reforçou a idéia de que estávamos começando tudo de novo, era uma limpeza em todos os sentidos.

Não seja ganancioso

Meu amigo James contou-me uma ótima história que ouviu de seu pai quando era criança. James procurou aplicar a lição da história em sua vida e carreira. Recentemente, ajudou a vender a empresa da qual é presidente por aproximadamente 25 milhões de dólares.

A história é de um jovem que era tido como burro. Um dia, durante o intervalo das aulas, uma turma de garotos decidiu testar sua estupidez. Eles apresentaram-lhe uma moeda de 50 centavos e outra de 25 e pediram-lhe para pegar uma. O garoto pegou a de 25. Os rapazes caíram na gargalhada, chamaram outras crianças e repetiram a brincadeira. Novamente, o garoto pegou a moeda de 25 centavos. Nos meses que se seguiram, no intervalo, eles fizeram a mesma brincadeira, e o garoto tornou-se alvo de chacota na escola. Finalmente, o diretor ficou sabendo do escárnio diário e perguntou ao menino por que permitia que os garotos caçoassem dele. Será que não sabe que 50 centavos valem mais do que 25? E o garoto respondeu:

— Claro que sei, mas se pegasse a moeda de 25 centavos na primeira vez, eles não me ofereceriam mais depois.

James contou-me que a lição que aprendera com a história não tem nada a ver com ganância, mas com outra coisa: mesmo que todos pensem que você é um idiota pelas escolhas que faz, seu dia de vingança chegará.

Há quatro princípios para se ter um bom planejamento financeiro. Eles não são originais e, se quiser explorá-los mais, há um ótimo livro de Richard Foster intitulado *Money, Sex and Power*.[c] Na seção sobre dinheiro, Foster oferece um ótimo conselho sobre como gerenciá-lo. Você ficará surpreso ao saber que sua fonte de

---

[c] Publicado em português com o título *Dinheiro, sexo e poder*, São Paulo, Mundo Cristão, 2001 [N. do E.].

informações é a Bíblia. Li esse livro há muitos anos, mas desenvolvi quatro princípios com base nele.

1º princípio

Lembre-se de que o que você tem não é realmente seu. Você é apenas um administrador temporário. Um dia, você morrerá e sua fortuna ficará para trás.

2º princípio

Cumpra suas obrigações para com o seu país, sua comunidade e sua família. Em outras palavras, pague os impostos e invista na família.

3º princípio

Faça seu dinheiro crescer. Não o guarde nem o esconda, mas invista-o. Procure fazer o dinheiro render. Você pode não acreditar, mas esse princípio está na Bíblia. Jesus contou uma história sobre um mestre que deu aos empregados um capital para investirem. Ele ficou decepcionado com um dos homens que decidiu proteger o dinheiro e simplesmente o enterrou até seu mestre pedi-lo de volta. Entretanto, ele elogiou um outro empregado, que investiu e fez o capital render.

4º princípio

Seja generoso, mão-aberta. Precisamos cumprir nossas obrigações (2º princípio) e procurar fazer nosso dinheiro crescer (3º princípio), mas, quando somos generosos em relação ao dinheiro, estamos dizendo que ele não nos pertence e que apenas o administramos. Ser mão-aberta é libertar-se do poder do dinheiro.

Lembre-se: você não é escravo do dinheiro; ele existe para servi-lo. Descubra os segredos de aplicar a energia dele.

Resumo executivo

É simplesmente imperdoável deixar que o dinheiro, ou a falta dele, o impeça de redirecionar toda ou parte de sua vida. A riqueza é relativa. Sempre haverá alguém que possui mais que você e muitos que possuem menos. Seja grato por ter o que você tem; use suas riquezas sabiamente e verá que gastará menos do que pensa. É necessário fazer um bom planejamento, com responsabilidade, para conseguir mudar sua vida. E, embora o dinheiro realmente ajude, não é nem deve ser o fator determinante de nossas decisões.

1. O dinheiro não é o principal motivo para hesitar em realizar um sonho, mas sim a falta de vontade.
2. Viajar na primeira classe não está com nada.
3. Não seja ganancioso.
4. Siga os quatro princípios do planejamento financeiro.

Plano de ação

1. Desenvolva uma visão equilibrada sobre o dinheiro. Não se deixe intimidar por seu poder. Leia o livro de Richard Foster *Money, Sex and Power*. Partindo de uma perspectiva bíblica, Foster oferece conselhos ótimos e ancestrais sobre o gerenciamento do dinheiro. Durante muitos anos vivi com medo do dinheiro, mas, depois que descobri que seu poder pode ser subjugado, aprendi a controlá-lo em vez de me deixar controlar por ele.
2. Reserve uma verba. Seja radical: veja se cada item ou gasto é absolutamente necessário para alcançar seu objetivo. Além disso, tenha em mente que reservar uma verba não é o suficiente para ter uma boa situação financeira. Aprenda a entender a importância de controlar o fluxo de caixa e o orçamento e de fazer um balancete.

3. Veja quais fontes de renda você pode manter e encontre novas.
4. Busque a ajuda de um consultor financeiro.
5. Venda ou liquide tudo que puder. Não conheci nenhuma família que se mudou para o Japão e ficou satisfeita por trazer todos os seus pertences. A maioria arrepende-se por não ter vendido mais coisas. Dê os itens mais queridos aos amigos íntimos e familiares como um empréstimo de longo prazo.

Caixa de diálogo

Quais são os princípios que determinam minha vida financeira?
1.
2.
3.

Quanto seria necessário para realizar um ou dois de meus sonhos?
1.
2.
3.

Idéias sobre como fazer o dinheiro crescer e/ou criar novas fontes de renda:
1.
2.
3.

> ## Advertência
>
> Este é um velho ditado, tão familiar que talvez tenha perdido o impacto, mas não deixa de ser verdadeiro: "O dinheiro não pode comprar amor".

Mindanao

Foi uma semana incrível. Jud e Roberto atravessaram as montanhas de Mindanao apenas com as roupas do corpo e uma pequena mochila. Passaram quase todas as noites na aldeia Lumad, um povo tribal de Mindanao, que vive naquela região pitoresca de colinas, montanhas e florestas. Conforme Jud descobriu, esse povo estava passando por mudanças, por causa da guerra, do desmatamento e do uso de fertilizantes químicos. Embora lamentasse por eles, ficou surpreso com sua alegria. Aos olhos de Jud, eles eram pobres. No entanto, eles não consideravam Jud mais rico, apenas alguém que vinha de um lugar diferente. Roberto também parecia um homem feliz. Embora soubesse como eram os EUA e quanto dinheiro se poderia fazer por lá, ele estava contente por caminhar nas montanhas de sua ilha.

— Estou feliz por ter conhecido os EUA — ele disse —, não porque consegui ganhar mais dinheiro, mas a mudança me ajudou a decidir o que realmente importava para mim. Sentia muita falta de minha casa, desta ilha, com suas paisagens naturais. Foi por isso que voltei, para montar a Davao Walking Tours e atrair turistas. Quero dar minha pequena contribuição e trazer a paz e a prosperidade para este lugar maravilhoso.

Jud descobriu que Roberto era um grande ambientalista e que lamentava os anos de conflito que tornaram muitas montanhas inacessíveis. Mesmo agora, ele tinha de ficar atento às possíveis tensões e, às vezes, precisava cancelar uma caminhada e devolver o dinheiro aos clientes, quando os riscos à segurança eram muito grandes. Roberto também participava de algumas ONGs, promovendo soluções sustentáveis para a agricultura e os conflitos.

— Amanhã é nosso último dia, Jud, e ficaremos em uma aldeia que trabalha com uma ONG há várias semanas, protegendo uma nascente e construindo três quilômetros de canalização para levar água limpa e potável à aldeia.

— Parece interessante — comentou Jud.

— Amanhã haverá a cerimônia de inauguração da água encanada. Gostaria de testemunhar?

— Claro — respondeu Jud.

Os dois homens levantaram cedo no dia seguinte, caminharam 15 km e chegaram pouco antes do início da cerimônia. Roberto apresentou Jud ao engenheiro que trabalhava para uma organização baseada em Manila, prestando assistência às aldeias que precisavam de acesso a água potável. Depois de cumprimentar os chefes da aldeia, eles se posicionaram a uma distância discreta para observar a cerimônia. Houve danças, orações, e o clímax foi quando finalmente uma mulher idosa da aldeia, selecionada para essa honra, abriu a torneira. De repente, ela atirou-se sobre o engenheiro distraído e deu-lhe um abraço, transgredindo um tabu tribal que proibia uma mulher de tocar em qualquer homem exceto seu marido. Segundos depois, ela soltou o homem e começou a dançar. Esse gesto de gratidão deu início a uma sucessão de agradecimentos por parte dos aldeões que, um a um, passaram as mãos e até o rosto sob o precioso líquido que jorrava da torneira.

Roberto aproximou-se de Jud e traduziu no seu ouvido as palavras que a mulher estava gritando: "Antes éramos amaldiçoados, mas agora somos abençoados". Ele explicou que, há duas semanas, uma mulher idosa morrera asfixiada ao carregar nas costas um galão de água tirada da fonte que abastecia a aldeia, a 5 km de distância. A tira em sua testa que sustentava o galão escorregara, provocando fratura instantânea da traquéia. Sua morte foi estranha, mas não a única ligada à água no vale. Por ironia, o vale chamava-se Pigbalowan, que significa "a Palavra de Deus que vem do céu".

— A comunidade devia se sentir abençoada com esse nome — explicou Roberto —, mas, em vez disso, se sentia amaldiçoada. Era muito difícil viver aqui. Agora, porém, com água pura disponível, sua qualidade de vida melhorará muito.

Mais tarde, à noite, Jud deitou-se nas pranchas de madeira em uma tenda, com Roberto roncando ao seu lado, mas não conseguiu dormir. A imagem da celebração da chegada da água e a história da mulher idosa que morrera há apenas duas semanas não saíam de sua mente. Tudo isso fez com que Jud refletisse sobre sua própria vida, seu trabalho e seus valores. Ele realmente era abençoado, mas estava cada vez mais claro que a escalada corporativa em busca de poder e dinheiro não fazia sentido. "Sem dúvida", pensou consigo, "gerentes, chefes e CEOs são necessários no mundo moderno, mas sair em busca disso na crença de que se terá uma vida melhor pode ser um engano". Tudo que ele testemunhara naquele dia mostrava que o importante é a vida e a dignidade.

6

Forma física

"Saúde e disposição andam de mãos dadas."

JOSEPH ADDISON, ENSAÍSTA, POETA E ESTADISTA INGLÊS
(1672-1719)

"Entrar em forma é um ato político: você assume o controle de si mesmo."

JANE FONDA, ESTRELA DE CINEMA, ATIVISTA POLÍTICA
E GURU DA GINÁSTICA

Bons momentos na praia

Roberto e Jud retornaram a Davao de ônibus. A 3 km de distância do centro da cidade, Roberto anunciou:

— É aqui que eu fico.

— Hein? — Jud ficou surpreso e um pouco preocupado. — Assim, de repente? Você disse que iríamos para a praia. Não que a praia seja importante, mas é um pouco estranho, não acha? Aconteceu alguma coisa? Será que fiz algo que o ofendeu?

— Nada disso — respondeu Roberto. — Você vai para a praia, mas não comigo. Na carta que seu pai me enviou, dizendo que você poderia aparecer nas férias para uma caminhada, as instruções eram

claras: você deve ir à praia sozinho e passar duas noites por lá. É bem barato. Quando o ônibus chegar à estação no centro da cidade, pegue um táxi para o porto. Lá, você deve tomar um táxi aquático até a cabana que preparei para a sua estada. Você poderá nadar, mergulhar de snorkel e até aprender a mergulhar usando cilindro de oxigênio, mas não é a praia nem a água que seu pai deseja que conheça.

Roberto deu um sorriso malicioso com ar de mistério. Diante da expressão inquisitiva no rosto de Jud, acrescentou:

— Tudo será revelado no próximo envelope.

Nesse momento, o ônibus deu uma arrancada como se o motorista soubesse que Roberto estragaria a surpresa caso dissesse mais alguma coisa. Na frente do ônibus, Roberto gritou:

— Irei buscá-lo no porto quando resolver voltar, mas me avise umas duas horas antes. Divirta-se!

— Bem, papai, sem dúvida, você planejou tudo muito bem — Jud murmurou. — É difícil acreditar que você estava doente quando bolou toda essa viagem.

Algumas horas depois, Jud chegou à cabana na praia. Considerando o preço, era até agradável: espaçosa, esteticamente aprazível e a apenas 100 metros da praia. Ficava em meio a uma dezena de outras cabanas esparramadas em um bosque de palmeiras.

No quarto, Jud abriu o envelope 6 e encontrou dois itens: um bilhete e uma foto de seu pai com ele, tirada no ano anterior. A imagem saudável de seu pai era um triste lembrete de que ele se fora. "Se ao menos soubesse que o câncer o levaria tão rápido", pensou. Ao contrário de seu pai, sua imagem não era nada lisonjeira. Certamente dava para dizer que eles eram pai e filho, mas, diferentemente de seu pai, Jud era gordo e pálido, com marcas de preocupação na testa. Seu pai tinha um largo sorriso e bochechas rosadas; seu olhar refletia vigor e cordialidade. Jud, por sua vez, parecia cansado, preocupado e abatido. Ele encaixou a foto no canto direito da moldura do espelho e abriu a carta do pai.

Querido filho:
Você deve estar curioso para saber por que o levei até aí. Você logo descobrirá, mas, primeiro, peço que vista sua roupa de banho.

"Mas o que será que ele quer?", Jud pensou. Foi tentado a ignorar a instrução do pai e continuar lendo, mas então achou que ele o vigiava de alguma forma. Abriu a mochila e trocou-se rapidamente.

Já se vestiu, filho? Não vale trapacear! Muito bem. Tenho uma surpresa para você. Você descobrirá o que é quando olhar para o espelho.
Mais instruções a seguir.
Com amor,
Papai.

Jud largou a carta e ficou de frente para o espelho. Demorou um pouco para descobrir o que seu pai queria que visse, mas, de repente, entendeu e sorriu. Depois de olhar a foto há poucos segundos, Jud esperava encontrar uma versão seminua da mesma figura rechonchuda que vira. Contudo, o que viu foi um homem mais magro, esbelto e bronzeado.

— Nossa! — exclamou em voz alta. — Perdi peso e ganhei uma cor sem perceber!

Ele parecia mais saudável e magro, e até tinha uma postura melhor. Uma semana de caminhada e uma comida saudável, com alimentos orgânicos, valeram a pena.

Jud pensou a respeito e percebeu, então, que seu estilo de vida mudara desde que iniciara essa louca aventura. Percorrera longas distâncias a pé todos os dias e, sempre que possível, ingerira alimentos frescos. Costumava reclamar para o pai que não tinha tempo para manter um regime diário de atividade física. Seu pai nunca lhe disse nada, mas agora, postumamente, fizera o filho colocar o pé na estrada *e entrar em forma sem que percebesse. Jud sorriu, pegou uma toalha e foi para a praia.*

6ª dica: A sua vida deve ser gorda, mas você não

Dizem que os povos mais gordos do mundo são o britânico e o norte-americano. Há alguns anos, fui politicamente incorreto ao declarar isso, mas o alerta estava dado. Agora, professores, pais, cientistas e políticos discutem para ver o que é possível fazer a fim de reverter a tendência à obesidade. O aumento de problemas cardíacos, diabetes e outras doenças relacionadas à falta de condicionamento físico está causando preocupação, e com razão. Não sou nenhum especialista em saúde nem em dieta, mas acredito que a boa forma física é resultado direto das escolhas que fazemos. Se optarmos por um estilo de vida melhor e uma alimentação mais saudável e se praticarmos uma atividade física, investiremos não apenas na qualidade de vida, mas também na longevidade.

Há dez anos, estava acima do peso e praticamente doente. Aos 20 anos, não pensava em minha saúde. Comia tudo o que queria, quando queria e me exercitava muito pouco. Lamento por não ter procurado conhecer melhor meu corpo nem levado minha saúde mais a sério, apesar de ter deparado com alguns sinais de advertência, como uma hepatite que contraí por causa de uma péssima alimentação e a notícia de que meu pai desenvolvera diabete. Somente depois dos 40 prometi à minha esposa que me alimentaria melhor e me exercitaria mais. Aprendi muito nos últimos dez anos, mas três descobertas foram especialmente importantes. Gostaria de saber disso antes, muito antes.

1ª descoberta: A adrenalina é ótima e a endorfina, melhor ainda

Há alguns anos, decidi usar mais a bicicleta do que o carro, pelo menos como meio de transporte dentro da cidade. Ainda me lembro de minha euforia depois da primeira corrida de 4 km. Meu traseiro e minhas costas doíam, mas meu humor estava muito melhor. No dia seguinte, os 4 km aumentaram para 8, depois 12 e, em pouco tempo, estava pedalando de 30 a 50 km por dia, só de ir de um lugar a outro para cuidar de meus afazeres. A bicicleta logo se tornou minha companheira e meu meio de transporte predileto. Nos últimos dez anos, percorri aproximadamente 40 mil km de bicicleta. Estou 11 kg mais magro; além disso, sempre que fico estressado, subo na bicicleta e dou uma volta.

O médico de meu irmão, certa vez, disse: "Suor é sinal de vitória". A boa notícia é que não é preciso suar muito, a ponto de ser desagradável. Basta fazer o coração bater a 65% de sua capacidade máxima e se manter assim durante horas. Descobri que, além de ajudar a perder peso e manter o coração em boas condições (se você se exercitar sabiamente), o exercício cardiovascular também produz benefícios intelectuais. John F. Kennedy estava certo quando disse: "A forma física é fundamental para ter não apenas um corpo saudável, mas também uma mente dinâmica e criativa". A explicação para isso está na liberação de pequenas moléculas chamadas endorfinas. Enquanto a adrenalina produz formigamento (e, às vezes, uma espécie de ressaca), a endorfina produz euforia e a sensação de bem-estar. O incrível é que, quanto mais os receptores são estimulados pela endorfina, mais sensíveis eles se tornam, facilitando sua estimulação.

Como a endorfina é liberada no organismo? Por meio da atividade física! Quando estou com preguiça e desanimado, pratico alguma atividade que faça meu coração acelerar o bastante para produzir suor por aproximadamente 30 minutos. Contudo, depois dos primeiros 15 minutos de atividade, já me sinto renovado e pronto para outra. A adrenalina pode ser divertida, mas o efeito da endorfina diminui a ansiedade e aumenta a criatividade. Sabe-se que mesmo um exercício leve pode melhorar o humor, mas isso não é tudo. Estudos também comprovam que as pessoas que se exercitam regularmente são mais resistentes às doenças, infecções e inclusive ao câncer.

Lembre-se: não é preciso sofrer para ficar em forma. Não se esforce a ponto de ninguém conseguir se manter por perto, mas é preciso suar.

2ª descoberta: Suco para o paladar e água para a sede

Brad começou a beber seis copos grandes de suco por dia, achando que lhe faria bem. Ele precisava perder peso e, depois de tentar várias dietas que lhe sugeriram, decidiu criar a sua própria: menos cerveja e mais suco. Ele sabia que a cerveja continha calorias, mas não que o suco continha ainda mais. Além disso, ele não percebeu que o suco engana a fábrica do corpo. A mecânica do suco faz o trabalho que o corpo deveria fazer. Beber suco é quase a mesma coisa que beber açúcar líquido. Brad não entendeu por que, depois de passar um mês bebendo suco várias vezes por dia, ganhou peso em vez de perder.

Finalmente, um amigo que fizera um curso de nutrição explicou o problema e deu-lhe um bom conselho: beba suco para satisfazer o paladar e água para matar a sede. Imediatamente, Brad reduziu sua ingestão de suco a um pequeno copo no café da manhã e passou a tomar água no resto do dia. Em um mês, a balança mostrou a diferença. Ele ficou espantado ao ver o quanto uma leve mudança no seu estilo de vida podia afetar seu peso.

Uma das histórias mais antigas sobre a importância da nutrição está na Bíblia. Centenas de anos antes do tempo de Cristo, viveu um homem chamado Elias. Ele fazia uma oposição não oficial ao rei e à rainha que reinavam absolutos. Um dia, a rainha ficou revoltada com a crescente popularidade de Elias e ameaçou matá-lo. Elias, depois de percorrer a distância de uma maratona desde uma montanha, adormecera perto do portão da cidade, tentando se recuperar e se preparar para a luta final contra o poder. Estava cansado, com fome e debilitado; ele estava exausto. Quando recebeu a mensagem da rainha, entrou em pânico e correu por 40 dias pelo deserto, onde orou por sua morte: "Tira a minha vida". Deprimido, achou que era o único que se opunha aos cruéis governantes.

Conta a história que Deus enviou-lhe um anjo, não para curá-lo nem matá-lo, mas simplesmente para levar-lhe comida e água. Assim que Elias se sentiu melhor depois de comer, Deus mostrou-lhe que não era o último que restara; o movimento de oposição contava com mais 7 mil pessoas, e Elias deveria voltar, confrontar a ameaça e liderar o movimento. Essa história é uma boa lição de que o bom equilíbrio entre alimentação, exercício físico e descanso é vital para manter um bom estado emocional e mental.

3ª descoberta: Manter o ritmo

Meu pai cresceu numa fazenda. Mesmo depois de mudar para a cidade, casar-se e formar uma família, telefonava para os irmãos regularmente, querendo saber como estava a plantação ou se tiveram tempo de fazer a colheita antes da primeira geada. Nunca valorizei seu conhecimento sobre as estações até me mudar para o Japão. Nossa casa dá de frente para um arrozal. Atrás de nós, há somente casas. Se não fosse pelas condições do tempo, nunca saberíamos, só de olhar para as casas, em que estação estamos. Os arrozais, porém, passam por um ciclo de transformação no decorrer do ano. Sempre ficamos maravilhados, observando as mulheres japonesas, permanentemente arcadas de tanto carpir, plantarem arroz, mergulhando as próprias mãos sob a superfície da água marrom que mana dos arrozais. Pouco depois, pequenos brotos verdes germinam através da água e formam um carpete verdejante de pés de arroz. As mesmas mulheres aparecem alguns meses depois para fazer a colheita. Ficamos acostumados ao processo pelo qual passam os campos. Essa experiência ajudou-me a entender melhor o valor que meu pai dava ao relacionamento humano e à terra. É saudável seguir um ritmo.

Aparentemente, isso não tem nada a ver com o tema deste livro, que encoraja a busca por mudanças, mas a questão é que a vida não pode estar sempre mudando. Onde quer que estejamos e o que quer que façamos, é bom ter uma rotina, pois ela fornece o ritmo segundo o qual devemos sincronizar a vida diária. Não aprecio as viagens de negócios (embora seja obrigado a fazê-las). Apesar de gostar de conhecer novos lugares e novas pessoas, detesto quando meu ritmo diário é perturbado.

Nem todos são como eu, mas descobri que me sinto melhor quando me deito e acordo mais cedo. Há pessoas que preferem uma rotina oposta; elas funcionam melhor à noite e demoram mais para se levantar e começar a manhã. Minha esposa é uma delas. Ela fica admirada por eu me levantar às 5 horas da manhã ou até antes; e, depois de dar os 30 passos até meu estúdio no fundo da casa, já estou pronto para me sentar diante do teclado e começar a escrever e responder aos *e-mails*. Produzo mais nessas duas horas antes do café da manhã do que em cinco horas depois. Entretanto, o mais importante é que isso funciona para mim e, por isso, faço de tudo para preservar essas primeiras horas do dia. Às vezes, preciso ficar acordado até mais tarde, mas ainda assim acabo acordando cedo. Descubra o melhor ritmo para seu corpo dançar e organize seu dia conforme a dança.

Brad: um estudo de caso

Já falei de Brad para você, mas permita-me contar um pouco mais a seu respeito. Ele é pai de dois garotos ativos, tem mais de 1,80 m e, até poucos meses atrás, pesava 113 kg. Brad tinha uma vida feliz até seus filhos atingirem a idade de querer brincar de brigar. Por mais que o pai tivesse vontade de participar, seu coração não permitia. Assim que ele começava a ofegar e arfar, a brincadeira terminava. Ele estava fora de forma, e seus filhos pagavam o preço por isso.

Brad decidiu buscar a ajuda de um amigo que era *personal coach*.[a] A princípio, as discussões semanais giraram em torno da definição dos objetivos. Brad fez uma lista de doze metas que gostaria de alcançar, a maioria das quais eram nobres, mas difíceis de calcular: ser um pai melhor, tratar melhor os vizinhos, ser uma boa pessoa. Três delas, porém, eram mensuráveis, e o consultor encorajou-o a se concentrar nelas: comprar uma casa até o Natal, perder 20 kg até as férias de verão e participar de um triatlo. O consultor sugeriu que, se Brad se dedicasse às metas mensuráveis, as imensuráveis naturalmente aconteceriam.

Na sessão seguinte, o consultor pediu para Brad identificar quaisquer impedimentos ou hábitos de vida que poderiam ser obstáculos. Depois de uma conversa, ficou claro que o ritmo diário de Brad precisava mudar. Normalmente, ele costumava assistir à TV ou navegar na internet até tarde da noite e acabava caindo no sono com o controle remoto ou *mouse* na mão. Depois de acordar com a bexiga cheia e ser forçado a ir ao banheiro, arrastava-se para a cama onde ficava nas últimas quatro ou cinco horas de sono. De manhã, não conseguia acordar ao primeiro toque do despertador e, por isso, acabava pulando da cama, lavando-se e vestindo-se rapidamente, corria para a porta, gritando tchau para a família e, no caminho para o trabalho, comprava um *cappuccino*. Sua rotina diária era destrutiva.

Por dois meses, o consultor concentrou-se na mudança de estilo de vida; não se falou uma palavra sobre dieta. A ênfase era menos TV e internet e mais leitura, além de ir para a cama e acordar mais

---

[a] Diferentemente do *personal trainer*, o *personal coach* é uma espécie de psicólogo e conselheiro que ajuda a pessoa a organizar a vida e a viver melhor [N. do T.].

cedo. Em poucas semanas, Brad estava mais calmo, mais relaxado e, na primeira pesagem, descobriu que tinha até perdido alguns quilos. Então, trataram de nutrição, exercício e hábitos alimentares. Depois de nove meses, ele alcançou todas as metas: comprou a primeira casa própria, perdeu 20 kg e inscreveu-se no primeiro triatlo. A história de Brad não é incomum, mas inspiradora. Como ele conseguiu? Vejamos algumas lições que podemos aprender com essa história de sucesso.

1. O progresso é gradual. Brad tinha metas, mas teve de executar as etapas necessárias durante um período para alcançá-las. A primeira era apenas ir para a cama e levantar-se mais cedo e ler mais. Na década de 1980, os gurus dos negócios foram para o Japão aprender com os industriais bem-sucedidos daquele país e descobriram que o povo de lá acredita no conceito *kaizan*: pequenos avanços qualitativos com o decorrer do tempo geram mais eficiência e um produto melhor. O *kaizan* funcionou para Brad. Sua recompensa imediata foi uma queda no nível de estresse e um grande aumento na reserva de energia, o que o motivou a continuar se esforçando.

2. Brad ficou informado. Assim como eu, ele descobriu que devemos beber água para matar a sede e suco para satisfazer o paladar. Ele sabia que estava acima do peso e decidiu abandonar a cerveja espontaneamente. Fez isso durante meses, mas não perdeu muito peso. Seu consultor revelou que ele simplesmente substituíra a cerveja pelo suco, tomando mais suco às refeições e no intervalo entre elas. Ele teve de aprender que, apesar de parecer bom senso, isso era prejudicial. Brad, então, começou a se interessar em saber o que deveria comer e quando precisava se alimentar.

3. Brad tornou-se responsável. Um telefonema semanal de seu consultor ajudou-o a continuar motivado a fazer o que havia se proposto. O receio de ter de dizer ao consultor que não havia conseguido fez com que atingisse suas metas semanais.

Esta obra não é um livro de orientação dietética nem um guia de boa forma, mas um meio de inspirá-lo a viver de forma mais saudável.

Resumo executivo

A boa forma é fundamental para garantir um futuro estável. Os seus investimentos na saúde hoje produzirão recompensas imediatas e de longo prazo. Isso não significa que é preciso estar em perfeita forma, mas:

1. Suor é sinal de vitória.
2. O que você coloca para dentro determina o que terá fora. Você é o que você come e bebe.
3. Você deve desenvolver e manter o ritmo de vida diário que for melhor para você.

Plano de ação

1. No mês passado, veja quantas vezes você se esforçou a ponto de produzir suor. O ideal é "suar" pelo menos em um a cada dois dias.
2. Suba a escada em vez de usar o elevador sempre que possível.
3. Procure seguir uma boa dieta nutricional receitada por um médico.

4. Pese-se e anote as medidas de seu corpo. Depois, estabeleça uma meta, mas só volte a se pesar e a tirar suas medidas depois de alguns meses.
5. Procure mudar seu estilo de vida, em vez de fazer dietas malucas.
6. Estabeleça metas graduais e lembre-se de que o método gradual funciona.
7. Inscreva-se numa competição, nem que seja de uma caminhada de 5 km. Isso o ajudará a continuar treinando.

Caixa de diálogo

Quais são minhas principais metas de saúde e boa forma?
1.
2.
3.

Que obstáculos podem me impedir de alcançá-las?
1.
2.
3.

Que providências posso tomar?
1.
2.
3.

Advertência

Busque a ajuda de um profissional. Não embarque em um regime de exercícios físicos antes de receber a opinião de um médico. O ideal é conversar com alguém que pratique medicina esportiva, mas, se não for possível, consulte um clínico geral.

A praia

Jud ficou surpreso consigo mesmo. Nunca fora muito de passar as férias na praia, mas aquela era ótima. Antes, ele ficava exausto depois de dar rápidas braçadas na água ou jogar um pouco de voleibol. Ofegante e sufocado pelo calor, prostrava-se numa cadeira de praia, pedia um sorvete gelado e caía no sono à sombra de uma palmeira próxima. Quando voltava para casa, estava mais gordo do que quando saíra. "Mas não desta vez", pensou.

Jud descobriu que tinha energia e podia passar horas mergulhando de snorkel. *Ele até jogou uma partida de vôlei de duas horas com alguns estudantes que tiraram uns dias de folga na faculdade em Davao. De manhã, saía para correr nas trilhas tortuosas na mata ao redor da cabana. Foram dois dias maravilhosos, mas agora estava pronto para ir embora. Estava ansioso para jantar com Roberto e sua mãe e, então, seguir para a próxima etapa da viagem.*

Tinha mais uma parada na Oceania antes de pegar um avião para Los Angeles. Estava com muita saudade de Kathryn e não via a hora de reencontrá-la, mas, apesar da solidão, sabia que precisava terminar essa jornada, não apenas por seu pai, mas por si mesmo. Sabia que as mudanças que estavam acontecendo com ele eram muito mais do que físicas. Era sua alma que estava sendo transformada.

7
Curvas

"Se não encontrares obstáculos pelo caminho, provavelmente ele não dará em lugar algum."

HARRIET BEECHER STOWE, ROMANCISTA DO SÉCULO 19

"Não existe nada, exceto a morte de minha filha, não, nem mesmo a morte de minha filha, que não gostaria de ter presenciado. Fico feliz por ter presenciado o golpe militar e o terror que se seguiu, por ter vivido no exílio e estar ao lado de minha filha quando ela adoeceu e depois morreu. Ninguém precisou me contar essas coisas, porque eu estava lá. Não gostaria de ter evitado essa dor ou perda porque gosto muito dos momentos interessantes e espero que o resto de minha vida também seja interessante. Não quero uma vida feliz e confortável."

ISABEL ALLENDE, ROMANCISTA DO SÉCULO 20

Deixando Davao e seguindo para baixo

A noite que Jud passou com Roberto e sua mãe foi enriquecedora, mas deixou-o exausto. O que era para ser um momento agradável de recordações acabou trazendo algumas surpresas. Jud nunca soubera de toda dor que sua mãe suportara antes de morrer. *Roberto contou-lhe que, muitas vezes, sentava-se ao lado de seu leito no hospital, segurava a mão dela e falava para distraí-la da dor.*

— Ela nunca desistiu — disse ele. — *Era uma mulher de fé e achava que seria curada* — ele fez uma pausa. — *Essa firme convicção dava força ao seu pai. Ele ficou zonzo e quase caiu de tão chocado que ficou com a notícia do médico de que ela tinha apenas mais algumas horas de vida.*

Jud lembrava-se claramente. Naquela noite, ele perdeu a fé. Agora, sentado a mais de 12 mil km de distância, lembrando-se da morte da mãe, a raiva, a confusão e a tristeza vieram à tona.

— Como isso é possível? — gritou de repente. — *Por que Deus permite que uma mulher tão boa morra tão cedo?*

Tentando esconder as lágrimas que brotavam, Jud virou-se e olhou para fora da janela. Roberto não respondeu à pergunta, mas, depois de um instante, começou a falar do pai de Jud e de como a vida dele mudara depois da morte da esposa. Jud não precisava de que ninguém lhe dissesse. Ele viu o pai abandonar um cargo assalariado, não por estar deprimido, mas porque precisava de um tempo para chorar e reorientar sua vida. Um telefonema do pai tinha deixado Jud perturbado. Ele foi sucinto, direto ao ponto, sem abrir espaço para qualquer argumento ou discussão; estava mais para um comunicado:

— Jud, decidi largar o emprego e mudar minha vida. Sei que você terá muitas perguntas para fazer, mas não quero falar a respeito por telefone. Ficarei feliz se você vier me visitar para conversarmos pessoalmente, mas, acredite, preciso fazer isso. Sei que alguns diriam que se trata de uma crise de meia-idade, mas, agora que sua mãe se foi, decidi redirecionar minha vida. Tenho alguns sonhos que reprimi durante anos e, por isso, tenho uma lista enorme de arrependimentos que pretendo retificar. Há coisas que preciso fazer e pessoas que quero ver; quero realizar alguns de meus sonhos.

Quando desligou o telefone, Jud ficou preocupado com o bem-estar do pai. Era como se ele fosse o pai e seu pai, um filho que estava saindo de casa. Não era o fato de ele largar o emprego que o incomodava, mas Jud achava um pouco estranho, para não dizer constrangedor, ter um pai desempregado e sem rumo.

Roberto contou-lhe histórias de seu pai e mostrou-lhe algumas cartas que recebera dele nos meses depois da morte da esposa. Eram as palavras de um homem com uma mente questionadora, que buscava algo mais.

Roberto perguntou o que Jud faria agora.

— Na verdade, ainda não sei, mas vejamos então — Jud abriu o envelope 7. Dentro, havia um cartão postal com o desenho de um grande rio que serpenteava em direção ao horizonte. Também havia um envelope menor lacrado e com instruções para Jud não ler o conteúdo até alcançar o próximo destino. Jud leu o cartão postal em voz alta.

> *Querido Jud:*
> *Roberto é uma pessoa muito querida. Tenho certeza de que sente o mesmo. Isso não é tudo, mas não direi mais nada até você alcançar o próximo destino, que é a Nova Zelândia.*
> *É uma terra de surpresas e oportunidades.*
> *Papai.*

7ª dica: Uma vida sem curvas não tem graça

Há algumas semanas, não muito longe de minha casa, milhares de homens nus desfilaram nas ruas para celebrar, de forma espetacular, sua masculinidade. É um encontro anual de homens que acabaram de completar 40 anos. Convenientemente, o evento acontece perto de um monumento erguido em homenagem ao pênis. Programado para ocorrer antes do mês em que as empresas japonesas oferecem promoções aos funcionários, o festival serve como um rali preparatório para os homens com mais de 40, que temem que suas vidas se tornem uma calamidade nessa fase. Os japoneses chamam essa idade de *Yakudoshi*: *yaku* significa "calamidade" e *doshi*, "idade". É uma idade temida pelos homens. Veja por quê.

O Japão é conhecido por seus "assalariados": homens de terno, contratados diretamente da universidade, que permanecem na empresa a vida toda. Gerações inteiras de homens vão para as empresas e sobem de cargo, recebendo novas atribuições e salários maiores em abril. Quando completam 40 anos, a possibilidade de uma grande promoção termina e somente os escolhidos avançam para o ar rarefeito dos cargos de administração. Não há muitas opções de emprego. A vida inteira os homens buscam um sonho, ser um dos poucos eleitos, mas a maioria é relegada a tarefas monótonas. *Yakudoshi* é a idade em que os assalariados são descartados. Durante 20 anos, eles são atraídos pela perspectiva de estarem entre os escolhidos, trabalham exaustivamente, nunca vão para casa antes do chefe e ficam felizes quando produzem bons resultados para a empresa. Entretanto, ao completarem 40 anos, enfrentam o momento da verdade: será que valeu a pena? Na verdade, para a maioria, é a *Yakudoshi*: em vez de subirem, ficam de lado e passam o resto de sua vida útil como meras abelhas operárias. A única recompensa é a estabilidade no emprego.

Para as mulheres, a *Yakudoshi* acontece oito anos antes. No Japão, o local de trabalho é dominado pelos homens, e a mulher é relegada a reinar no lar. Aos 20 anos, a mulher pode trabalhar fora, mas, se não se casar nem tiver um lar para cuidar até completar 32 anos, talvez nunca mais isso aconteça e, assim, ela perderá o papel feminino mais valorizado por sua cultura.

Embora o Japão seja sociologicamente diferente, muitos homens e mulheres em outras partes do mundo sofrem sua própria forma de *Yakudoshi*. Normalmente, ela aflora como um questionamento: "Isso é tudo?".

Em um jantar, conversei com um homem de 30 anos. Ele estava confiante em seus planos para o futuro. Tinha a vida toda planejada, até a aposentadoria. Outra pessoa que participava da conversa disse, dando uma piscadela:

— Bem, você sabe, os melhores planos...!

Ele não terminou a sentença, mas o que queria dizer era: a vida tem surpresas inesperadas.

Kosuke Koyama, teólogo japonês e autor dos livros *The 3 Mile an Hour God* [O Deus dos 5 mil km por hora] e *Water Buffalo Theology* [Teologia do búfalo doméstico], escreveu: "O útero não é um cubo". Ele ressalta que o homem traça ângulos retos, mas Deus cria as curvas. As linhas e os ângulos retos são eficientes, mas monótonos. O mundo de Deus, cheio de curvas, voltas e mistérios, é o que torna a vida interessante. Koyama argumenta que o desígnio de Deus para a vida não é uma linha reta, mas uma jornada com reviravoltas e curvas inesperadas. Em resumo, as surpresas da vida nos lembram de que estamos vivos.

O útero não é uma forma estática, mas flexível, que se adapta às mudanças da vida em formação que ele nutre. A vida que entra no útero para depois sair exemplifica o princípio de que a vida é uma sucessão de entradas e saídas. Cada estágio de entrada é uma preparação para o estágio de saída.

A vida em linha reta é rígida, antinatural e torna-se monótona. Em geral, é necessário um choque para que a pessoa se liberte dela.

Uma maneira de evitar a vida em linha reta é diversificar seus interesses. Uma vez, uma pessoa mais velha deu-me um conselho: "Tenha muitos sonhos e procure realizar todos; apenas certifique-se de que um deles pague as contas". É o contrário da idéia de que, para ser bem-sucedido, é necessário concentrar-se em um único alvo, um único objetivo, e buscá-lo obstinadamente até consegui-lo.

Às vezes, por um período, é necessário ter um único alvo, mas, em geral, só se encontra satisfação na diversidade. Uma das decisões mais sábias que tomei foi abandonar minha vida em linha reta, colocar minha esposa em primeiro lugar, ir para o Japão e me reinventar. Decidi diversificar e encontrar maneiras de acordar toda manhã e escolher um alvo para aquele dia.

Não é fácil ter uma vida diversificada no Japão. Nesse país, as pessoas gostam de classificar os outros, e a ferramenta que usam para isso é o cartão comercial. Preciso carregar seis cartões comerciais diferentes: um da HOPE International, um de minha empresa, três de diretorias das quais participo e um da Adventures With Purpose. Quando acontece de não saber qual cartão apresentar, gosto de advertir as pessoas a não me classificarem.

A diversidade nos protege de uma perspectiva distorcida. Quando nos deixamos consumir por uma única atividade, somos facilmente atingidos pelas tempestades desse pequeno mundo, mas, quando há vários universos a que podemos chamar de lar, encontramos uma nova perspectiva dentro de cada um. Mudando de perspectiva, é possível manter a estabilidade. Isso não significa que devemos dar adeus à paixão. Muito pelo contrário, devemos dar tudo de nós em tudo que fazemos, mas não 24 horas por dia, sete dias por semana.

Os proponentes da crença de que para ter sucesso é necessário 150% de dedicação e muitos sacrifícios têm uma visão distorcida daqueles que levam uma vida diversificada e dizem: "Eles não se dedicam". Os trabalhadores considerados pouco dedicados ganham sermões sobre o sucesso e, às vezes, recebem punições. Entretanto, trata-se de uma forma nada sutil de manipulação empregada por pessoas de "linha reta" que desejam que os outros se conformem aos seus moldes. Meu argumento, como obviamente você já percebeu, é que a vida em linha reta é antinatural e nunca é tarde para fazer algo a respeito.

Metanóia é uma palavra que faz parte do vocabulário de teólogos e consultores de negócios. Os teólogos conhecem-na como uma tradução da palavra grega para "arrependimento", que significa "mudança". Os consultores de negócios empregam-na quando falam em mudar a estratégia da empresa para uma nova direção. Os dois empregos do termo são apropriados: a mudança faz parte da vida. Às vezes, o fracasso ou até mesmo uma catástrofe nos força a mudar; outras vezes, simplesmente decidimos mudar para melhor o que é bom. Às vezes, a mudança é gradual e quase imperceptível, como a mudança que o corpo sofre com o avanço da idade; outras vezes, ela é repentina e inesperada, como a perda do emprego, a morte de um ente querido, divórcio e outros eventos que nos acontecem.

Lembro-me vividamente da imagem de meu pai sendo lançado para fora do banco numa curva com o carro em alta velocidade. Estávamos nos mudando para uma nova casa em uma colina. Meu pai alugou uma caminhonete, do tipo que tem um banco bem alto. O ato de entrar nesse carro é praticamente uma escalada. Os pedais do acelerador, do freio e da embreagem ficam bem distantes do banco e a meio metro de altura do chão do carro. Eu estava sentado atrás, no chão, olhando para a nuca de meu pai e para o céu lá fora. A estrada que levava à nossa nova casa tinha duas curvas em "s", e meu pai entrou na primeira delas muito rápido para um veículo com o centro de gravidade tão alto. A perua inclinou, e ele escorregou para fora do banco. Caído no chão ao lado do banco, ele procurou segurar firme a direção e voltar para o lugar. É uma cena engraçada. A vida sempre nos lança em uma curva quando aceleramos demais, fazendo-nos perder o equilíbrio. Mais tarde, quando lembramos, rimos da situação, mas, na hora que acontece, o perigo é bem real. As curvas da vida, sejam graduais, escolhidas por nós ou inesperadas, servem para nos lembrar de que estamos vivos. E nunca é tarde demais para usar esses desafios como estímulos e fazer mudanças positivas em nossa vida.

Resumo executivo

A vida é cheia de surpresas, algumas boas, outras más. Cada experiência tem o potencial de enriquecer nosso caráter.

1. A vida nem sempre é previsível.
2. A vida em linha reta é monótona.
3. "O útero não é um cubo!"
4. Às vezes, a vida nos lança em curvas fechadas inesperadas e importunas e somos forçados a virar e mudar de direção. Até mesmo esses momentos desagradáveis podem nos fazer tomar um novo rumo.

Plano de ação

1. Faça uma lista de aspectos de sua vida que poderiam ser descritos como uma linha reta. O que você poderia fazer para tornar sua vida mais variada e diversificada agora?
2. O seu círculo social é apenas uma extensão de seus gostos e experiências pessoais? Em outras palavras, os seus amigos são todos parecidos com você? Nesse caso, encontre oportunidades para melhorar seu repertório social envolvendo-se em novas atividades.
3. Como você enxerga seus fracassos e momentos difíceis? Faça uma lista das conseqüências positivas que eles lhe trouxeram.

Caixa de diálogo

Principais motivos que mantêm minha vida em uma linha reta:

1.

2.

3.

Quais fracassos e reviravoltas do destino já me ocorreram?

1.

2.

3.

Que lições aprendi?

1.

2.

3.

Advertência

É necessário paciência e um bom aconselhamento para administrar as mudanças. Quer a mudança lhe aconteça involuntária ou voluntariamente, busque a ajuda de sábios conselheiros antes de tomar uma decisão.

Tremores na Nova Zelândia

O vôo de Manila foi tranqüilo. Era a primeira visita de Jud à Nova Zelândia. No avião, ele assistiu a um documentário sobre a emergente indústria cinematográfica do país impulsionada pelo filme O senhor dos anéis, *de Peter Jackson. Aparentemente, o espírito do "posso fazer" era uma característica nacional.*

Jud saiu do terminal e arrepiou-se quando o ar gelado do outono de Auckland tocou sua pele. Não sabia ainda para onde iria e o que faria. O envelope que segurava na mão tinha uma mensagem escrita no lado de fora que dizia: "Não abra até chegar na Nova Zelândia". Sem saber se teria de pegar outro vôo ou ir para a cidade, Jud entrou no terminal e pediu uma xícara de café. Depois de se acomodar em um canto reservado do saguão de desembarque, abriu o envelope.

> *Querido filho:*
> *Bem-vindo à Nova Zelândia! Tenho uma surpresa para você, mas, primeiro, olhe para a foto do rio no cartão postal que você leu em Davao.*
> *A vida é como esse rio: está sempre em movimento, mas de forma imprevisível. Se olhar atentamente, verá que o rio serpenteia através de um platô. Não há explicação para as curvas gigantes em "s". O terreno é plano! Por que o rio não segue a rota mais curta em direção ao horizonte? Obviamente, uma curva exige mais energia do que uma reta. Era de se esperar que a força da água corrente levasse o rio direto para o horizonte, mas ele decidiu virar e mudar. Está entendendo?*
> *A vida tem curvas inesperadas e, agora, você encontrará uma. No verso desta carta há um número de telefone; é de um homem chamado Grant, sete anos mais velho que você.*
> *Ele é seu meio-irmão.*
> *Sua mãe foi casada antes. Ela teve um rápido romance na adolescência e ficou grávida. Ela se casou com o pai da criança, mas ele começou a espancá-la. Temendo pela vida do filho, ela fugiu e*

pediu o divórcio. Os pais dela pressionaram-na para colocar o bebê para adoção. Depois de relutar durante semanas, finalmente ela concordou que seria melhor para o bebê. Cinco anos mais tarde, casamo-nos e, dois anos depois, você nasceu. Na noite em que pedi sua mãe em casamento, ela me contou sobre seu casamento anterior e Grant. Logo depois, quando você nasceu, decidimos, acertadamente ou equivocadamente, não lhe contar. Pensamos que, assim, protegeríamos a privacidade de Grant. Ele foi adotado por um casal que, como soubemos mais tarde, bem mais tarde, emigrou para Nova Zelândia e fundou uma vinícola na Ilha Sul.

Dez anos depois, Grant decidiu procurar a mãe biológica e a encontrou semanas antes de seu falecimento. Houve muitas lágrimas, perguntas e respostas. Sua mãe me fez prometer que esperaria um momento certo para lhe contar. Ela mesma queria fazer isso, mas ficou com medo de sua reação e não quis estragar o resto do tempo que passaria com você. Ela ficou arrasada; amava muito você.

Grant veio para o enterro e esperei uma oportunidade para apresentá-los, mas você estava tão mergulhado em sua dor que eu e ele achamos que não era hora para isso. Então, vários anos se passaram, e eu sempre quis levá-lo à Nova Zelândia para conhecê-lo. Infelizmente, você está aí agora, sozinho.

Escrevi para Grant avisando-o de sua visita. Espero que não fique muito bravo.

Com amor,

Papai.

Jud ficou chocado e quase se deixou dominar pelo turbilhão de pensamentos e emoções desencadeados pela carta do pai. Fez de tudo para não desmoronar. Foi um erro ler a carta ali. Precisava de um lugar reservado. Quase em estado de choque, deixou o aeroporto e pegou um táxi.

— Leve-me para um hotel, qualquer hotel; vá o mais rápido possível — disse.

— Perto do aeroporto ou do centro? — perguntou o motorista.

— Do centro — Jud respondeu, sem saber qual era a distância.

— Um que não seja muito caro, mas que tenha uma bela vista.

— Conheço o lugar certo — afirmou o motorista.

Normalmente, Jud teria procurado um albergue de jovens, pois aprendera a apreciar a companhia de outros viajantes, mas precisava de espaço, um lugar para assimilar a notícia inesperada.

No quarto de hotel, Jud largou a mochila no chão, a carta no criado-mudo e debruçou na cama. Suas emoções oscilavam entre raiva e uma profunda tristeza. Sua mente girava com tantas idéias que ele não sabia o que pensar. Depois de alguns minutos, rolou para fora da cama e foi para a janela. Olhando apático para o porto logo à frente, observou as balsas chegarem e saírem do cabo, no outro lado da baía, e as ilhas além do arco de entrada do porto. Imaginou as implicações de ligar para o suposto meio-irmão. Mal podia acreditar que, em todos esses anos, seus pais haviam sustentado uma mentira como essa.

Jud, embora fosse um homem feito, chorou como uma criança que não ganhou a bicicleta que sempre sonhou e nunca soube por quê.

— Fui enganado — soluçou, esmurrando a cadeira.

Horas depois, sentiu-se anestesiado e estranhamente só. Se ao menos sua esposa estivesse ali...

No fim da tarde, Jud juntou coragem para fazer a ligação. Um homem de voz grossa, com um forte sotaque, respondeu.

— Alô. Grant está? — Jud perguntou.

— É ele — respondeu abruptamente.

Jud teve a impressão de que Grant estava debruçado na escrivaninha, trabalhando, quando o telefone tocou, e continuara a mexer na papelada ao atender.

— Meu nome é Jud; acho que você conhece meu pai.

Houve uma breve pausa e, depois, o som quase imperceptível, mas evidente, de quem toma fôlego.

— Claro que conheço. Sou Grant, de quem seu pai falou. Estava esperando sua ligação.

— Ah, sim — Jud murmurou, procurando palavras educadas. — Estou hospedado no hotel ao lado do terminal de balsas no porto. Poderíamos nos encontrar?

— Claro — disse com um forte sotaque neozelandês. — Que tal nos encontrarmos no café perto do terminal chamado Chin Chin daqui a uma hora?

— Está ótimo — mentiu Jud. — Ficarei esperando em frente.

Jud chegou antes da hora marcada. Seu vôo chegara de manhã e agora o dia estava no fim. Precisava de cafeína. Quando viu Grant se aproximar, soube imediatamente que era o filho de sua mãe; tinha os mesmos olhos verde-azulados dela. O parentesco era evidente.

Jud levantou-se e cumprimentou-o com um formal aperto de mão.

— Poderíamos caminhar? — perguntou, sabendo que estava sendo rude, mas não queria sentar-se à mesa com Grant à sua frente, pelo menos não agora.

— Claro — Grant respondeu.

"É melhor caminhar", pensou Jud. "Esse homem é um estranho e caminhar é uma boa maneira de evitar a intimidade do olho no olho". Jud não estava pronto para a intimidade familiar. Os dois homens partiram em direção ao Metro City e depois ao Albert Park. As ruas eram íngremes, e Jud notou que Grant estava resfolegante. Ele não sabia por que apertara o passo. Grant não reclamou e acelerou também.

Eles rodearam o parque e voltaram à Victoria Street. Conversaram basicamente sobre a Nova Zelândia e a vinícola da família de Grant na Ilha Sul. Grant cuidava de compras e vendas; por isso, vivia em Auckland, a cidade que um em cada três neozelandeses chama de lar. Jud viu o albergue Albert Park Backpacker's Hostel espremido entre duas lojas chamadas The Beat Merchants e The Hemp Store. Eles acabaram indo para o terraço da Sky Tower, onde se sentaram pela primeira vez, com uma bebida gelada, admirando a vista pela janela.

Jud gritou quando, de repente, um corpo saltou do telhado acima de sua cabeça. Ele levantou-se e observou o corpo cair até o chão abaixo.

Grant riu e deu um tapinha nas costas de Jud.

— Não se preocupe, cara. É muito seguro. Qualquer um é capaz de fazer, quer dizer, qualquer um que esteja preparado para desembolsar uns duzentos dólares.

Jud sentou-se, aliviado por não ter testemunhado um suicídio, e riu também.

— Vamos nessa, mano — disse Grant. — Vamos comer alguma coisa.

8
Serviço

"Ame o seu próximo como a si mesmo."

JESUS CRISTO

"Uma das mais belas compensações da vida é o fato de nenhum homem poder ajudar outro sem ajudar a si próprio."

RALPH WALDO EMERSON, POETA E FILÓSOFO AMERICANO DO SÉCULO 19

"A felicidade não acontece simplesmente. Ela vem de dentro. Não está no que vemos e no que tocamos; também não é o que os outros fazem por nós que nos deixa felizes; é o que pensamos, sentimos e fazemos, primeiro pelos outros e depois por nós."

HELEN KELLER, UM EXEMPLO DE VIDA E UMA INSPIRAÇÃO PARA MILHARES DE PESSOAS

Reflexões sobre o Pacífico Sul

Jud passou uma semana em Auckland. Quase todo dia ele se encontrava com Grant para uma refeição ou um drinque à noite. Jud passou os dias explorando, caminhando e pensando. No sábado, foram

velejar com um grupo de amigos de Grant. O dia começou com um sol glorioso, mas, quando navegavam pela ilha de Waiheke, o tempo fechou e eles ancoraram na baía para esperar a tempestade passar. À noite, com o mar calmo, voltaram ao porto de Auckland.

Grant era amistoso e não o forçou a falar sobre nada que não falaria com alguém que acabara de conhecer. Jud notou que os amigos de Grant o admiravam e o respeitavam. No decorrer do dia, no barco, ouviu histórias engraçadas sobre as diversas vezes em que Grant os ajudou a escapar de situações difíceis. Grant parecia constrangido.

— Parem com isso, gente, senão Jud vai pensar que eu armei tudo com vocês.

Naquela noite, em um bar no porto, quando estavam a sós, Grant perguntou a Jud:

— Para onde você vai daqui?

— Não sei. Só sei que, fora do envelope nº 8, está escrito: "Vá para Los Angeles e leia a carta que está neste envelope dentro do avião".

— Quando você parte?

— Amanhã.

Grant levou Jud ao aeroporto no dia seguinte para vê-lo partir. Os dois homens tinham desenvolvido uma relação de amizade quase consangüínea e prometeram manter o contato.

Jud estava tão cansado que caiu no sono imediatamente, perdendo a refeição e o primeiro filme. Quando acordou, estava no meio do Pacífico. Depois de espreguiçar-se e ir ao banheiro, Jud pegou o envelope 8, torcendo para não haver mais surpresas.

Querido filho:

Espero que não esteja muito zangado comigo. No envelope 1, eu disse que gostaria de acompanhá-lo nessa jornada. Sei que a surpresa que o aguardava em Auckland deve ter sido um grande choque para você. Orei muito para que seu encontro com Grant fosse bom para os dois. Espero que tenha sido. Sei que vocês se encontrarão de novo.

No entanto, chegou a hora da fase final da jornada. Você precisa de um tempo para pensar sobre o que aconteceu em toda a viagem, mas este ainda não é o momento para isso. Na verdade, seria problemático, ou até perigoso, pensar nisso agora. Deixe-me explicar. É importante ser analítico e determinado e reservar um tempo para refletir, ordenar seus valores, sua visão. Aprendi, porém, que é melhor quando temos uma visão geral do contexto. Levei um bom tempo para descobrir que a melhor maneira de me ajudar era ajudar os outros.

No aeroporto em Los Angeles, há uma surpresa esperando por você. Dessa você vai gostar. É Kathryn. Ela preparou uma viagem de uma semana para vocês dois se juntarem a um grupo de trabalho em algum lugar na América Central.

Kathryn ajudou-me a planejar essa aventura. Ela o ama muito. A princípio, quando lhe contei minha idéia e pedi sua ajuda, ela ficou relutante; foi necessária certa dose de persuasão, mas, depois que ela aceitou, adorou participar. Vocês passarão uma semana juntos fazendo alguma coisa pelos outros. A semana que vem colocará sua própria jornada em perspectiva, mas também o lembrará de que, quando ajudamos os outros, somos nós que recebemos a grande recompensa.

Com amor,
Papai.

Poucas horas depois, Jud e Kathryn encontraram-se no saguão do aeroporto de Los Angeles. Eles ficaram abraçados por um longo tempo.

— Você nem imagina o quanto senti sua falta, e tenho tanta coisa para contar — Jud sussurrou. Ele a soltou e recuou para olhar a esposa nos olhos. — Até que ponto você conspirou com meu pai em toda essa aventura?

— Tudo será revelado no seu devido tempo — Kathryn riu —, mas agora temos que pegar um avião.

— Para onde? — Jud perguntou.

— *Guatemala. Vamos nos juntar a um grupo de minha igreja por uma semana em um bairro fora da cidade de Guatemala. Iremos construir um centro comunitário.*

8ª dica: Colha as recompensas de servir aos outros

A verdade é inquestionável: ao servir aos outros, você acaba se ajudando, pois pensar nos outros é a melhor receita para lidar com a própria dor. É uma prescrição à prova do tempo para aqueles que caem no abismo da autopiedade. O serviço desvia a nossa atenção de nós mesmos e oferece um contexto maior para analisarmos nossa vida: ele nos oferece uma conjuntura mais abrangente. O serviço é uma ótima ferramenta para quem está esperando por uma mudança e procurando maneiras de ser desafiado. Há várias oportunidades em lugares próximos, como sua cidade, ou distantes, como Timbuktu.

Fica a seu cargo descobrir as diversas maneiras pelas quais você pode servir aos outros no local onde mora, mas acho extremamente recomendável viajar para servir, pois assim é possível conhecer uma nova cultura e ajudar as pessoas em um ambiente socioeconômico diferente. Viajar é uma forma de adquirir mais cultura e enriquecer a vida, mas não é apenas um exercício de auto-satisfação; podemos fazer algo pelos outros ao mesmo tempo. E esse tipo de viagem está cada vez mais em voga. Por quê? Porque as pessoas acabam descobrindo tanto sobre si mesmas quanto sobre o lugar e as pessoas que conhecem.

A exploração sempre foi a essência da viagem de aventura, mas, com a maior parte da Terra mapeada e analisada, surgiu um novo tipo: a exploração da alma. Todo ano, cada vez mais pessoas escolhem pacotes de férias que incluam, em vez de aventuras, a defesa de uma causa, o autoconhecimento e a descoberta do mundo em que vivemos. Esse tipo alternativo de viagem de aventura é árduo, tempestuoso e, às vezes, perigoso, mas proporciona enorme satisfação àqueles que se arriscam. Há muitas oportunidades para os que têm espírito inquieto, um grande coração e uma boa dose de coragem. Esses tipos de aventura são classificados nas três categorias a seguir.

1. Desafios patrocinados

Seja uma corrida de bicicleta de longa distância, fazer o primeiro *bungee-jump* ou andar de caiaque em uma ilha distante, é fácil converter uma aventura em um fundo para pessoas e projetos dignos. Muitas instituições beneficentes organizam seus próprios eventos e recrutam pessoas para participar deles. Em geral, você paga todas as suas despesas e deve arrecadar determinado valor em dinheiro para a organização sem fins lucrativos. O evento tem um efeito duradouro, pois, além de reforçar sua autoconfiança e a crença em sua capacidade pessoal, também, por meio de seus próprios esforços para levantar fundos, desperta sua consciência da pobreza no mundo e mostra como é possível ajudar os outros. Muitas pessoas são atraídas pelo desafio físico de uma prova de resistência, porém se sentem intimidadas pelo aspecto de angariar fundos. Entretanto, quando vencem o desafio, declaram que o mais compensador foi o fato de terem angariado fundos.

Eu tinha 12 anos quando participei de minha primeira "aventura com propósito". Eu e mais 10 mil pessoas percorremos a pé mais de 56 km ao redor de minha cidade natal, Winnipeg, no Canadá. A caminhada foi patrocinada em prol dos necessitados do Haiti. Não lembro exatamente o que me instigou a participar, porém desconfio que foi o desafio de fazer algo que nunca fizera antes. Foi minha primeira aventura com propósito, mas não a última. Depois de vencer o desafio, fiquei muito satisfeito não apenas por concluir a caminhada, mas também por arrecadar várias centenas de dólares. Aprendi que a aventura com propósito é muito mais compensadora do que um evento para o próprio divertimento.

Meus olhos se abriram naquele dia. Além de perceber que era fisicamente capaz de fazer uma árdua caminhada, a pobreza do mundo passou a fazer parte de meu universo. Como era adolescente, o curso de minha vida foi determinado por aquele desafio.

Busque oportunidades na internet, onde encontrará uma imensa quantidade de destinos e uma grande variedade de esportes. Caminhada e ciclismo são os mais comuns, mas você também encontrará desafios que envolvem esqui, caiaque, vela e muito mais. Nos sites www.hopeglobalchallenge.com e www.adventureswithpurpose.com, você também encontrará diversas oportunidades para arrecadar dinheiro para os pobres.

A aventura com propósito tem duas conseqüências: a transformação pessoal e a assistência aos outros.

2. Equipes de trabalho

A idéia de construir algo com uma equipe e viver entre o povo de um país por alguns dias ou algumas semanas lhe parece interessante? Há várias organizações que oferecem programas de trabalho nas férias. As que mais aprecio são a HOPE International Development Agency e a Habitat for Humanity. A HOPE e a Habitat requerem que se construa algo, mas há instituições que incluem pesquisas, escavações arqueológicas e até restauração de antigas construções de pedra na área rural da Inglaterra. Contudo, não se iluda. O principal motivo para trabalhar em equipe não é mudar o mundo, mas experimentar a transformação pessoal. A mão-de-obra é mais barata localmente, porém o trabalho em equipe desenvolve a compreensão dos problemas mundiais ao promover o bom entendimento entre culturas diferentes. Para saber mais, entre em contato com uma instituição beneficente de sua cidade ou converse com alguém que tenha participado desse tipo de projeto.

A HOPE International oferece um programa para pessoas de todas as idades chamado UNION, um acrônimo em inglês para

"Understanding Needs In Other Nations" (compreender as necessidades em outras nações). Assim como outras organizações, a HOPE leva grupos de trabalho para outros países há vários anos e desenvolveu um bom programa em que, além de entrarem num avião e partirem, os participantes fazem um curso focado nos problemas enfrentados pelos pobres, os quais também concernem aos ricos. Para obter mais informações, visite o site www.hope-international.com.

3. Viagens com descobertas factuais

Uma viagem com descoberta factual pode incluir um desafio patrocinado, uma equipe de trabalho ou pode consistir em um projeto independente. Muitas organizações oferecem viagens (sem despesas pagas) com visitas a países em desenvolvimento para que se possa ver, em primeira mão, a situação dos pobres e o bem que projetos sustentáveis e idôneos podem fazer. A vantagem de fazer uma viagem como essa é que tudo é organizado para você. Há muito cuidado para se evitar o voyeurismo e fotos oportunistas. Em geral, essas viagens são curtas e planejadas para pessoas com pouco tempo disponível, mas com dinheiro para tirar alguns dias de folga e viajar para um canto remoto do mundo.

Seja qual for a viagem de aventura escolhida, devemos evitar a postura de apadrinhar os pobres. O voyeurismo assistencial e progressista, que exibe nossas boas intenções aos carentes em nome da auto-satisfação, não está certo. É possível viajar com integridade e conhecer outras culturas de forma apropriada. O lado bom de todas essas opções, assim como o de criar sua própria aventura com propósito, é que elas servem como estímulo para uma mudança de vida. A cultura que ganhamos com essa experiência, além da emoção de enfrentar um desafio, permanece conosco e se torna um importante marco na nossa jornada de transformação pessoal. Mais uma coisa: a viagem de aventura não é apenas para os jovens.

Nunca é tarde demais para arregaçar as mangas, colocar a mão na massa e servir aos outros.

Resumo executivo

As aventuras com propósito são mais compensadoras que o exercício da auto-satisfação.

1. É possível aprimorar as aventuras da vida com o objetivo de servir aos outros, enquanto ajudamos a nós mesmos.
2. Há vários tipos de oportunidades de curto prazo para ter uma aventura com propósito:

   a. desafios patrocinados;

   b. equipes de trabalho;

   c. viagens com descobertas factuais.

Plano de ação

1. Investigue oportunidades de aventuras com propósito.
2. Na próxima vez que alguém lhe pedir patrocínio, diga sim e seja generoso.
3. Não vá sozinho; leve sua família junto.

Caixa de diálogo

O que fiz recentemente pelos outros?

1.
2.
3.

O que aprendi com a experiência?

1.

2.

3.

Que tipo de aventura gostaria de fazer com o objetivo de
servir aos outros?

1.

2.

3.

Advertência

Não aja como um viciado em serviço, que gosta de servir,
mas não gosta de ser servido. Use a vida de Jesus como
modelo. Ele não apenas servia, mas também permitia que
o servissem. Um exemplo é a ocasião em que ele interrom-
peu sua jornada a um poço e sentou-se exausto à sombra.
Aproximou-se dele uma mulher com grande necessidade
emocional e espiritual, mas, antes de ajudá-la, Jesus pediu-
lhe ajuda; estava com sede e cansado e pediu a ela para pegar
um pouco de água para ele beber.

Noites guatemaltecas

*Jud entrosou-se com os membros da igreja de Kathryn, o que foi
uma surpresa. Ele viu que, ao contrário do que imaginava, eram
pessoas interessantes e com quem era fácil trabalhar. O que mais gostou, além de reencontrar a esposa, foi trabalhar ao lado dos pedreiros
locais. Como economista, ficou intrigado com sua vida, seu trabalho e*

as pressões que sofriam na sociedade. Uma coisa era certa: essas pessoas não precisavam de que norte-americanos viessem fazer o trabalho de construir o centro comunitário. Havia muita risada no local da construção, principalmente às custas da equipe da igreja: os problemas geralmente surgiam por causa do espanhol sofrível dos visitantes. Uma vez, houve grande alvoroço quando caiu uma parede construída por três pessoas da equipe sem a ajuda dos trabalhadores locais.

Kathryn ficava sempre do outro lado do local da obra, enquanto Jud misturava concreto e fazia o trabalho duro de pedreiros. Ele passava a maior parte do tempo pensando sobre a situação dos pobres. Imagens de Mindanao ainda estavam frescas em sua mente, assim como a lembrança de que os fazendeiros de subsistência que conhecera não o consideravam em melhor situação, mas apenas uma pessoa de um lugar diferente. Problemas como pobreza, desenvolvimento sustentável, AIDS, contaminação pela água, globalização e solução de conflitos eram complexos, e Jud não havia passado muito tempo meditando sobre eles, exceto na época dos trabalhos na faculdade.

Um dia, enquanto colocava areia dentro do misturador, Jud teve uma revelação que lhe causou um breve arrepio: ele se isolara em um mundo falso e irreal de conforto pessoal. Muito embora fosse um economista experiente, não fazia a menor idéia da dificuldade econômica que a maioria das pessoas do mundo enfrentavam todos os dias. Jurou que procuraria entender melhor a situação e se envolveria de alguma forma. As respostas não viriam facilmente, mas ele estava mudando durante o processo de refletir a respeito disso. Uma coisa era certa: embora não fosse mudar o planeta, poderia ampliar seu próprio mundo fazendo amizade com pessoas que viviam em circunstâncias diferentes.

Na última noite, Jud e Kathryn ficaram conversando até tarde. Ela estava ansiosa para ouvir todas as histórias dele das semanas anteriores e Jud queria ouvir as dela. Por volta das duas horas da madrugada, conscientes da parede fina do hotel em que estavam hospedados junto com a equipe, Jud e Kathryn fizeram amor com uma paixão ardente. Deitados, um nos braços do outro, sob a luz do crepúsculo, saboreando a quietude, ouviram o ronco distante do vulcão ativo da Guatemala: o Pacaya.

No dia seguinte, no vôo de volta a Los Angeles, Kathryn encostou a cabeça no ombro de Jud e adormeceu. Jud olhou para o envelope 9, que estava em seu colo. Estava apreensivo, com receio de que seus dias com Kathryn tivessem acabado e sem saber para onde seu pai o enviaria a seguir. Com cuidado para não acordar a esposa, lentamente, ele abriu o envelope.

9
Trabalho espiritual

"Pois, que adiantará ao homem ganhar o mundo inteiro e perder a sua alma?"

JESUS CRISTO

"Os propósitos do coração do homem são águas profundas."

AUTOR DE PROVÉRBIOS NO ANTIGO TESTAMENTO

"Não faz mal permanecer inculto por um tempo."

MARTIN FARQUHAR TUPPER, POETA BRITÂNICO DO SÉCULO 19, REFORMADOR E UM DOS PRIMEIROS DEFENSORES DO MOVIMENTO DE SERVIÇO VOLUNTÁRIO

Peregrinação ao Norte

Querido filho:

Sua próxima parada é onde você passou quatro anos de sua vida: a Universidade de British Columbia. Lembra-se de quando dançamos na sala de estar no dia em que você recebeu a carta de aprovação da universidade? Ficamos tão surpresos quanto você, mas sua alegria de ter entrado na universidade que tinha escolhido nos contagiou e nós giramos, pulamos e gritamos pela casa. Esse contentamento durou meses. A empolgação se repetiu quando você foi fazer a pós-graduação na London School of Economics. Você estava cheio de otimismo e sua vida começava a se assentar. Depois da universidade, assistimos com orgulho às suas conquistas.

No entanto, filho, também vimos que você ficou mais gordo, seu cabelo começou a cair e certa tensão começou a crescer no seu relacionamento com Kathryn. Nossas preocupações se confirmaram quando você veio para casa no dia de Ação de Graças e nos contou que vocês haviam decidido se separar por um tempo. Você não nos contou muito e, embora tenham voltado a viver juntos algumas semanas depois, seu casamento se tornou tema de nossas orações.

Sinto muito por ressuscitar essas lembranças. Acho que o fato de que você está próximo do fim dessa jornada me lembra de que eu estou no fim da minha. Estou tentando contar-lhe todas as coisas que enriqueceram minha vida, e você está no topo da lista.

Quero que você volte a Vancouver, não como aluno, mas como peregrino. Tire alguns dias para refletir sobre sua jornada e sua vida. Em especial, pergunte a si mesmo quais são os seus sonhos. Esteja aberto à possibilidade de os sonhos que você está buscando não serem corretos. Assista a um ou dois cultos em uma das capelas no campus, *pois isso o ajudará a se concentrar nas questões do espírito. Faça um diário e pense no que é importante para você. Agora está na hora de tomar algumas decisões, tirar conclusões e buscar iluminação espiritual. Sei que você não é muito crente, mas oro para que Deus o toque de forma inesperada.*

Acredite, a oportunidade que você tem é invejável. São poucos os que têm a chance de tirar um tempo de folga e refletir sobre o sentido da vida.

Com amor,
Papai.

— *Vou para Vancouver* — *disse Jud.*
Kathryn sorriu.

— *Mas é claro, você já sabe. Sempre me esqueço de que você é colaboradora de papai.*

Ao chegar em Los Angeles, Jud agendou o vôo para Vancouver. Como ainda faltavam duas horas para ele e Kathryn pegarem seus respectivos aviões, foram a um café comemorar a semana que passaram juntos e saborearam um cappuccino *cremoso. Depois, atravessaram de mãos dadas o saguão de embarque até a plataforma de Kathryn. Jud abraçou-a e despediu-se.*

— *Eu te amo* — *sussurrou.*

— *Eu sei. Também te amo. Agora, não falta muito para você voltar para casa.*

9ª dica: Toque o sagrado, descubra a arte de sobrevivência da alma

— O poço faz jorrar a água; o açude a represa! — Clark declarou parado nos arredores de Burkina Faso.

Fui ao oeste africano onde os irmãos Lungren, Clark e Rob, filhos de missionários canadenses, estavam realizando o sonho de deter a desertificação da terra na qual foram criados. O plano era simples: construir açudes para armazenar a chuva abundante que caía aos montes durante a estação de chuva, mas que simplesmente escoava, levando consigo a preciosa camada superior do solo. Por meio de seus esforços, depois de 20 anos, o Projeto Nazinga tornou-se uma reserva de caça exuberante. Esse projeto bem-sucedido baseou-se na simples idéia de recuperar o lençol freático. A aplicação espiritual é óbvia. Para lutar contra a desertificação da alma, precisamos tentar recuperar o lençol de água espiritual de nossa vida. As idéias a seguir podem nos ajudar a fazê-lo.

1. As férias são um antídoto para o "esgotamento"

O termo "esgotamento" é bastante conhecido na cultura moderna. Quando fiz 40 anos, estava esgotado. Passei uma década aproveitando cada oportunidade que aparecia no meu caminho, na crença de que a vida me atropelaria se eu parasse. Então, um dia, fui obrigado a parar por causa de um problema de saúde e descobri que eu era substituível! O escritório no qual trabalhava continuou funcionando; as comissões das quais participava continuaram se reunindo. A vida continuou; eu não era indispensável, afinal. Foi um rude despertar.

Quando comecei a pesquisa deste livro, escrevi para alguns conhecidos em quem confiava pedindo idéias. Um deles, um pastor ordenado que conheço desde criança, respondeu-me com total honestidade. Ele permitiu que eu incluísse nossa correspondência neste capítulo.

Lowell:

1. Tudo que eu tenho vontade de fazer exige dinheiro. Não posso sonhar grande nem viver prodigamente.
2. Sou casado com uma cristã, que, infelizmente, fica feliz em sentar num toco de madeira e tomar seu café.
3. Sou um sonhador cujos sonhos morreram.
4. Corri para o topo, quase cheguei lá, mas fracassei, com medo de vencer.
5. Estou me tornando um velho amargo.
6. Aprendi com a vida que não posso confiar em ninguém, nem em mim mesmo.
7. Vivo constantemente em conflito. A última coisa que quero, ou queria, era ser pastor. O que mais temia aconteceu.
8. Não sei quem sou.
9. Estou perdido, sem esperança para mim, minha família e o mundo.
10. Na maioria dos dias, não tenho mais vontade de viver.
11. Estou entediado.
12. A vida não tem sentido, é uma piada de mau gosto.

13. Não creio em Deus nem no amor; eles me decepcionaram.
14. Não vejo saída. Se realmente seguisse meu coração, as pessoas que me rodeiam me considerariam um pai acabado, um fracasso, um preguiçoso, um louco.
15. Não vejo sentido na vida nem razão para viver.
16. Tenho tantos arrependimentos que nem dá para contar.
17. Fiz péssimas escolhas, o que me deixa inseguro e me faz pensar que as atuais também sejam ruins.
18. Eu tento, mas parece que não consigo encontrar a realização pessoal nem a paz interior. Minha mente está perturbada e meu coração, aflito. A sensação de ruína e infortúnio é uma presença constante.
19. Tenho raiva do meu jeito de extravasar a raiva.
20. Tinha um mapa. Era o mapa errado.

Será que seu livro ajudará este homem?

Seu amigo.

Fiquei extremamente preocupado com o que ele escreveu e respondi imediatamente.

Meu amigo, sua mensagem me deixou assustado.

Olho para sua vida e vejo o quanto ela é positiva. Sem dúvida, você enfrentou golpes difíceis, mas tem dois filhos maravilhosos e uma esposa espetacular que pode ficar feliz em sentar num toco de madeira, mas que também o apóia muito.

Sua vida está em suas mãos. As pessoas com muito dinheiro não são mais felizes.

Se você tomou algumas decisões erradas, mude-as. Tenha a coragem de parar e mudar de direção.

Sinto muito, não pretendia fazer um sermão, mas você é um homem impressionante, um exemplo a ser seguido. Simplesmente não sei o que dizer.

Você é importante para mim e nem posso imaginar a falta que sentiria se o perdesse.

Lowell.

Então, ele respondeu:

Obrigado, Lowell.

A verdade é que estou entediado e esgotado. Estou cansado da rotina da vida, de ter de me atualizar todo mês e sempre provar meu valor. Os pontos positivos que você mencionou são verdadeiros, no entanto estou desesperado e, o que é pior, não vejo saída. Estou aflito, com medo de envelhecer. Se mal consigo me sustentar agora, como será quando estiver com 70 anos? Será que terei de trabalhar e lutar para sempre? E, por isso, penso em morrer, mas não se preocupe, não pelo suicídio. Não suporto a idéia de como minha família ficaria se isso acontecesse. No entanto, penso na morte como um alívio bem-vindo. Se me dissessem que tenho seis meses de vida, ficaria feliz! Vamos acabar com isso logo. Estou cansado, Lowell. Cansado, entediado, deprimido. Vou suportar. Sua resposta sincera me ajudou neste momento. Obrigado. O livro parece ótimo. Vá em frente.

Seu amigo.

Para impedir a deterioração da alma, é necessário tirar umas férias. Inicialmente, pode ser apenas um descanso, como ficar deitado na praia, tomando sol, sem pensar em nada, mas isso não basta para restaurar a alma. É necessário tirar uma licença para dar atenção ao espírito. O esgotamento, porém, não é algo a se temer, pois pode despertar um estado de espírito em que refletimos melhor sobre nossos sonhos, sobre o que é importante para nós. Como qualquer crise, ele tem seu risco, mas também oferece muitas oportunidades para explorar e restaurar a alma. No desespero, as extremidades nervosas de nossa alma ficam expostas. É quando chegamos a esse estado que percebemos que precisamos de algo mais, algo maior e espiritual para guiar nossa vida.

Todo ser humano precisa do sentimento de propósito ou vocação. Certamente, você conhece a história do monge que estava desesperado para conhecer a Deus. Depois de passar vários dias solitários e noites frias no monastério no alto da montanha, o jovem noviço foi falar com um monge mais velho.

— Você realmente quer conhecê-lo? — perguntou o monge mais velho.

— Sim! — exclamou o jovem em desespero.

— Então, siga-me — instruiu o homem mais velho.

Eles desceram a montanha, atravessaram o planalto e desceram os montes íngremes até o vale, onde deram em um riacho. O monge mais velho levou o jovem para um lugar em que as águas eram calmas e profundas e disse-lhe para se ajoelhar e aproximar o rosto da água. Ele ajoelhou-se, desconcertado, mas esperançoso.

— Mais perto — ordenou seu superior.

O jovem encostou o nariz na superfície da água. De repente, com as duas mãos, o homem enfiou violentamente a cabeça do rapaz dentro da água, deixando-a submersa por dez segundos. Para o jovem monge, horrorizado, foi como se ficasse sem ar por 10 minutos.

Quando o monge mais velho soltou sua cabeça, o pobre jovem levantou-se de pronto, sôfrego, desesperado para respirar.

— Por que você fez isso? — ele gritou furioso, cuspindo água.

— Você só conhecerá a Deus — disse o monge mais velho e sábio — quando ansiar por Deus da mesma forma que anseia pelo ar.

A história revela a paixão do salmista que disse: "Como a corça anseia por águas correntes, a minha alma anseia por ti, ó Deus".

2. *Para que a fé cresça, é preciso aceitar o mistério*

Meu primeiro livro, escrito com a ajuda de Catherine Butcher, uma escritora britânica, é intitulado *Never Ending Adventure* [Aventura sem fim]. O título emprestado de John Wesley, fundador da Igreja Metodista, descreve a essência da fé: ela é dinâmica, e não estática. Ter fé não significa apoiar-se em algumas proposições verdadeiras, mas estar sempre avançando, buscando, investigando e procurando mais. Bono, vocalista da banda de *rock* U2, canta: "I still haven't found what I'm looking for" [Ainda não encontrei o que procuro]. E toda uma geração concorda com ele.

Pouco antes de morrer, Lesslie Newbigin, que foi bispo na Índia durante muitos anos, explicou que a fé era como escalar um rochedo. Lembro que seu sermão dizia algo assim:

> Ao escalar uma montanha, a posição mais segura para começar é encontrar quatro pontos seguros para os pés e as mãos. Entretanto, ao escalar o rochedo da fé, há um momento em que devemos saltar e mergulhar no mistério em busca de algo além e maior em que possamos nos agarrar.

É uma boa metáfora. Ficamos fascinados com a visão das "aranhas" humanas escalando um paredão vertical sem cordas. Às vezes, os alpinistas soltam as duas mãos ao mesmo tempo para fazer um movimento. Ocasionalmente, eles se sustentam em um dedo, antes de se arremessar para uma saliência em busca de um lugar mais seguro. Em raros momentos (geralmente em filmes), eles chegam ao extremo: usando os quatro apoios seguros como plataforma de lançamento, saltam e ficam suspensos no ar por alguns segundos antes de alcançar um novo lugar na parede rochosa. Uma coisa é certa: a emoção de chegar ao topo não vale nada se você não se arriscar e não se entregar ao desconhecido. A lição que tiramos disso é que não devemos viver com medo de que nossa fé seja frágil. A fé existe para ser testada, e as verdades que descobrimos devem ser degraus para um lugar mais alto, e não um destino em si mesmas.

3. Deus é uma caixa de surpresa

Deus é o rei da surpresa. Ele não nos encontra apenas na reclusão ou em reuniões espirituais, mas também na repetição mundana do cotidiano. Ele é uma caixa de surpresa: quando giramos a maçaneta todos os dias, ele está sempre lá, mas às vezes aparece de repente na nossa frente, revelando graça e mistério e proporcionando um momento de puro contentamento. O encontro pode não ser espetacular; em geral, é sutil, e somente depois percebemos que aquele momento tinha um toque espiritual.

As pessoas são criadas para achar que as disciplinas espirituais estão relacionadas a reuniões, orações e ao estudo devotado e diário da Bíblia, quando, na verdade, viver a própria vida é o ato mais espiritual que poderiam ter e a forma mais provável de encontrarmos o divino. Deus está na rotina. Seja num momento de alegria ou de profunda tristeza, Deus nos encontrará de forma surpreendente. Devemos ter cuidado para não deixar esse momento escapar.

Ignoramos o espírito e nos expomos ao perigo. Infelizmente, a falta de tempo nos leva a descuidar da alma, e o resultado é a fome espiritual. Quando isso acontece, a alma cede, os sentimentos morrem. Felizmente, nunca é tarde demais para corrigir a privação espiritual. Para aqueles que se sentem esgotados, é necessário tirar umas férias. Para os outros, talvez seja suficiente cultivar a consciência do mistério e a expectativa de que, a qualquer momento,

Deus, que está sempre presente, saltará à sua frente e o tocará com sua graça.

Resumo executivo

Com freqüência, os CEOs e líderes em diferentes áreas reclamam de não terem tempo suficiente para refletir sobre a vida. É um problema enfrentado por muitos no caminho da escalada profissional. Precisamos encontrar tempo para refletir e desenvolver a arte do trabalho espiritual.

1. O esgotamento pode provocar a apatia emocional ou uma introspecção perigosa. Tirar umas férias é o antídoto.

2. Não tenha medo do mistério. Mergulhe nele para encontrar as respostas.

3. Busque a Deus na rotina.

Plano de ação

1. Inclua um tempo na sua agenda para escrever um diário, refletir e meditar.

2. Leia um livro que evoque pensamentos profundos.

3. Vá a uma igreja que permita que você pondere sobre grandes temas. Evite as igrejas que buscam apenas cercá-lo com montanhas de trabalhos ou programas.

4. Busque ativamente os momentos em que Deus o surpreenda na rotina da vida diária.

5. Incorpore o exercício físico em suas disciplinas espirituais. As endorfinas são presentes de Deus. Nós fomos criados dessa forma.

6. Não tire umas férias simplesmente para ir à praia; isso não mudará sua vida. Use esse tempo para descansar, mas depois realmente aproveite para tirar uma licença que altere a rotina.

Caixa de diálogo

Como descreveria meu estado espiritual?
1.
2.
3.

O que me impede de me tornar espiritualmente mais forte?
1.
2.
3.

Quando Deus apareceu para mim como uma caixa de surpresa?
1.
2.
3.

Advertência

Não seja como Pedro. Em um relato notável da vida de Cristo, vemos Pedro, um dos melhores amigos de Jesus, tirar a conclusão errada. Em uma montanha na qual Jesus e três amigos foram orar, aconteceram coisas extraordinárias. Pedro, que tentava entender a essência do "Reino de Deus", a mensagem central de Jesus, concluiu que ele devia ser como as "experiências do topo da montanha" que testemunhara. Assim, disse a Jesus: "Vamos ficar aqui, construir casas e perpetuar a experiência" (paráfrase do autor). Jesus não respondeu com palavras, mas com uma ação: levou Pedro para baixo da montanha até a comunidade. As experiências e retiros no topo da montanha têm sua função, mas a espiritualidade verdadeira e sustentável é alimentada pela interação social, e não por isolamento auto-indulgente. A fé é individual e comunitária. O diálogo, a discussão e a interação com os outros nos mantêm na terra e evitam a introspecção e a auto-análise exageradas.

Caminhadas e reflexões em Vancouver

Jud registrou-se no albergue da juventude próximo à praia de Jericó, de onde poderia ir à pé para a Universidade de British Columbia em menos de uma hora. Ele aproveitou vários dias para visitar os antigos lugares que costumava freqüentar com os colegas. Passeou pelos corredores dos edifícios onde freqüentava as aulas. Todo dia, conforme instruções de seu pai, assistia ao culto em uma das capelas e passava horas na biblioteca. Descobriu um livro especialmente interessante na biblioteca do Regent College chamado The Cloister Walk, *de*

Kathleen Norris,[a] que conta a história de uma poetisa que passa um tempo em um monastério beneditino. Ela lembrava as obras de Thomas Merton, que Jud lera há muitos anos, em uma época menos agitada de sua vida. A leitura do relato de Norris sobre sua vida no monastério ajudou-o a fazer a transição mental de viajante para peregrino. Normalmente, ele saía da biblioteca e caminhava durante horas, ponderando sobre o que tinha lido e pensando sobre sua vida em geral. Descobriu que uma boa caminhada, de aproximadamente 45 minutos, ajudava-o a pensar com incrível clareza.

Uma tarde, seus pensamentos se voltaram para o pai, e Jud decidiu escrever-lhe uma carta. Nem bem a caneta tocou o papel, lágrimas começaram a cair. Ele colocou no papel as palavras que estavam presas na garganta desde a revelação, na Austrália, de que tinha um meio-irmão.

> *Papai:*
> *Quero lhe dizer duas coisas.*
> *Primeiro que o perdôo. Não entendo por que você decidiu fazer o que fez, mas, no fundo da alma, confio em você e por isso o perdôo.*
> *Mais coisa, pai: OBRIGADO! Você não apenas me colocou no mundo, mas também salvou minha vida. A viagem me transformou... Percebi que os valores nos quais baseio minhas decisões devem ser revistos e que preciso ter mais equilíbrio na vida.*
> *Devo isso a você. Eu te amo.*
> *Jud.*

---

[a] Publicado em português com o título *O caminho do claustro*, Rio de Janeiro, Nova Era, 2001 [N. do E.].

10

Tempo

"Nada se ganha fazendo nada."

WILLIAM SHAKESPEARE, DRAMATURGO DO SÉCULO 16

"A TV é uma goma de mascar para os olhos."

FRANK LLOYD WRIGHT, ARQUITETO DO SÉCULO 20

Recordando um antigo sonho

Ele sentou-se na areia, fechou os olhos e recostou-se contra um pedaço de madeira liso e plano, exceto pelo nó torcido pressionando seu quadril. Jud deliciou-se com o calor efêmero do sol em seu rosto. Ao mudar de posição, abriu os olhos bem a tempo de ver o sol descer em toda sua glória no horizonte distante de Howe Sound. O som orquestral da maré crescente era gentil e rítmico: era como se o sol estivesse dizendo adeus e a maré, olá. As gaivotas no alto gralhavam e a fragrância da floresta tropical na costa oeste era fresca e agradável. Os postes das ruas da zona oeste de Vancouver piscavam à luz do crepúsculo, enquanto o brilho do pôr-do-sol lançava seu encanto nas janelas dos altos edifícios, que despontavam no alto como centuriões guardando o Stanley Park.

Jud sentia-se renovado, descansado e em paz. Estava pronto para voltar à batalha da vida diária, mas não nos mesmos termos de antes. Seus valores e sonhos tinham mudado. Nos dias de caminhada no campus *da Universidade de British Columbia, explorando as riquezas da biblioteca e freqüentando os cultos nas capelas do Regent College e da Vancouver School of Theology, Jud abraçou os sonhos que permaneciam dormentes. Alguns deles, como percebeu, estavam equivocados e se inspiravam em idéias irreais e adolescentes de como seria a vida adulta. Novos sonhos, mais maduros, emergiam em seu lugar. Jud estava ganhando lucidez, em forte contraste com a névoa deprimente que anuviava sua vida antes da viagem.*

A luz estava desaparecendo, então Jud tirou seu bloco de notas e leu uma lista de metas que rabiscara às pressas durante o dia: exercitar-me mais, alimentar-me melhor, ler obras mais densas, passar mais tempo com Kathryn e participar do serviço comunitário. Depois, guardou novamente o bloco na mochila e pegou o envelope marcado com o número 10. Ele estava vincado e amassado depois de quase três meses de viagem e era maior e mais pesado do que os envelopes anteriores.

"Espero realmente que este seja bom", pensou enquanto pesava o envelope na mão, pensando em todo o tempo que o tinha carregado pelo mundo. Suavemente, levantou a aba, tirou a carta e começou a ler.

> *Querido filho:*
>
> *Sua jornada está quase no fim, mas antes você terá de pegar um último avião, pois terá de enfrentar um desafio. O desafio que preparei para você é oportuno, pois trata-se de uma lição sobre o tempo. Veja bem, o tempo está passando, e podemos escolher desperdiçá-lo ou investi-lo. Alcançamos nossos objetivos somente quando usamos o tempo que nos é dado com sabedoria, investindo-o em atividades louváveis. Eis um conceito muito simples, mas que pode causar um impacto profundo em nossa vida: as horas são insubstituíveis. Faça com que cada segundo de sua vida valha a pena.*

Agora, sobre o desafio, você sempre quis aprender a voar. Lembra-se do quanto falava nisso? Muitas noites, ao levá-lo para dormir quando era garoto, você me disse:

— Papai, um dia, serei piloto de avião e voarei sozinho.

— Aposto que sim, Jud — eu respondia.

Anos mais tarde, fiquei feliz quando você me escreveu da universidade dizendo que teria aulas de vôo nos fins de semana em uma escola de aviação. Entretanto, meses depois, você desistiu. Na carta que me enviou, você disse que pilotar era mais difícil do que imaginava e se sentiu derrotado.

É esse o desafio: voltar para aquela escola de aviação e terminar o que você começou. Basta empenhar mais seus esforços e seu tempo. Talvez você não tenha bastante tempo livre a fim de cumprir as horas necessárias para tirar a licença de piloto, mas, se trabalhar com afinco e for diligente, eventualmente se tornará bom o suficiente para fazer seu primeiro vôo solo.

Boa sorte e um ótimo vôo!

Papai.

P.S.: Quando estiver para terminar o curso de aviação, por favor, telefone para David Turner, um amigo meu de Nova York. Seu número está no verso desta carta. Sei que você está ansioso para voltar para sua casa em New Jersey, mas quero que marque uma hora com ele. Ele está aguardando sua ligação.

Jud sorriu. O livro que arrastara consigo pelo mundo era, na verdade, um diário de bordo. Ele o abriu e olhou para a data de seu último vôo na escola de aviação. Imagens de que não recordava há anos povoaram sua mente. Ele se lembrou de que mal terminara o curso básico e de como ficara frustrado por não aprender com a rapidez que esperava. No entanto, apesar da impaciência e do medo crônico de altura que o sufocava antes de cada vôo, Jud adorava voar. Quando saiu do aeroporto no dia de sua última aula, deixara seu sonho de infância para trás.

Contudo, sentado na praia, olhando para Vancouver com o diário de bordo na mão, abriu um largo sorriso no rosto, quase pueril.

— Posso pilotar sozinho? — perguntou em voz alta como se seu pai estivesse bem ao seu lado. Sonhou, por alguns segundos, como se fosse realidade.

10ª dica: Pare de ver TV

Ano passado, em um almoço de negócios, entrevistei um romancista, Barry Eisler. Barry, que tem 30 e poucos anos, não é apenas romancista, mas marido, advogado, faixa preta de judô e um *connoisseur* de bons uísques (tenho certeza de que ele tem muitos outros empreendimentos e interesses). Durante a entrevista no bar, pedi-lhe que compartilhasse um conselho para uma vida bem-sucedida com o pequeno grupo de empresários. Sem hesitar, Barry disse: "Parem de assistir à TV". Seu argumento baseia-se na crença de que os seres humanos têm um desejo inato de "começar e terminar" as tarefas, e a TV ilude as pessoas fazendo com que acreditem que realizaram algo.

Essa advertência, ou argumento, faz sentido. Compare, por exemplo, uma hora por dia, durante três meses, assistindo à TV com o mesmo período de tempo fazendo um curso de idiomas. No fim de uma hora de aula, o aluno geralmente se sente desencorajado e frustrado, como se não tivesse realizado nada. Por outro lado, assistir a um programa de TV do início ao fim proporciona uma satisfação sutil, imperceptível, de realização. No entanto, nos dois casos, aconteceu o oposto. Se você passar uma hora por dia assistindo à TV, durante 90 dias, não conseguirá nada a não ser ficar com a mente anestesiada e o traseiro dolorido. Contudo, se você estudar um segundo idioma pelo mesmo período, ampliará seu vocabulário, aperfeiçoará a pronúncia e entenderá melhor a gramática.

Sem dúvida, a TV não é de todo ruim. Na medida certa, pode ser uma boa ferramenta para relaxar no final do dia, manter-se informado sobre acontecimentos importantes ou ampliar seu conhecimento. Entretanto, para muitos, a TV torna-se um vício. E o pior de tudo é que essas pessoas se sentam no sofá, com os olhos grudados nas imagens luminosas, e ficam cada vez mais resignadas, achando que o que vêem na telinha é o mais perto que chegarão de realizar seus sonhos. A TV passa a ser um substituto para o sonho. Na verdade, bastaria tomar a simples decisão de levantar-se, desligar o bendito aparelho e dedicar 30 minutos a um empreendimento mais ativo e construtivo! Além de evitar que seu metabolismo se torne mais lento, você estará meia hora mais perto de realizar um sonho.

Meu amigo aprendeu 2 mil *kanji* (há milhares de *kanji*, ou caracteres, na língua japonesa) em seis meses. Ele encontrou o melhor método, seguiu o programa, parou de assistir à TV e atingiu seu objetivo. Quando me contou sobre sua conquista, fiquei intrigado. Moro no Japão há sete anos e não aprendi mais do que míseros 100 *kanji*. Decidi experimentar seu método e fiquei surpreso. Dedicando diligentemente algumas horas todos os dias, por dois meses, usando seu método, que por acaso também é divertido e interessante, assimilei centenas de *kanji*. O método funciona, mas a questão é que me inspirei no feito de meu amigo.

Vitória chama vitória. A princípio, a vitória será pequena, mas por meio de várias pequenas vitórias ganhamos confiança para enfrentar desafios maiores. Isso é simples lógica, mas é incrível o número de pessoas que não conseguem incorporá-la em seu estilo de vida. Para ter êxito, é necessário reservar um tempo para as tarefas a fim de alcançar seus objetivos. Essa idéia nos leva de volta ao primeiro conselho, arranjar um mapa, quando observamos que ter uma visão em si não significa realizá-la. Também não adianta ser realista e avaliar quanto falta para atingirmos esse objetivo. O que transformará nossos sonhos em realidade é a nossa dedicação diligente às medidas necessárias para que saiamos do ponto em que estamos e cheguemos ao destino desejado. Toda medida que tomamos para realizar um objetivo exige tempo e esforço, mas, no fim, avançando gradual e firmemente, chegaremos lá.

Muitas pessoas não conseguem vencer o desafio de adquirir uma nova habilidade ou seguir um novo curso porque acham que precisam largar tudo para atingir seu objetivo. Na verdade, algumas pessoas têm o talento para se concentrar em uma única coisa durante muito tempo. Fomos ensinados a admirar as pessoas que buscam fielmente seu objetivo à custa de tudo, mas acho que esse modelo está errado e inclusive é perigoso. O homem é um ser complexo que possui diversas habilidades e necessidades. Dedicar-se à carreira à custa da família é errado, e estamos começando a perceber isso. Também acho que ter dois focos de atenção apenas, a família e a carreira, com o mesmo grau de importância, não é saudável nem compensador. É possível continuar ativo e produtivo no local de trabalho e em casa e, ao mesmo tempo, buscar outros sonhos. Embora certamente haja pessoas que ampliem exageradamente seus interesses, há aquelas que se expandem em uma única direção. No entanto, todo o nosso ser, corpo e alma, precisam se expandir, e por que não buscar vários sonhos ao mesmo tempo? Sem dúvida, alguns exigirão mais esforço e tempo do que outros, mas, quanto mais diversificada for sua vida, mais equilibrado e completo você será como pessoa.

Meu conselho é o seguinte: tenha muitos sonhos e procure realizar todos, mas certifique-se de que um deles pague as contas.

Resumo executivo

O ser humano possui uma necessidade inata de "começar e terminar" as coisas.

1. A melhor maneira de avançar é aos poucos.
2. Para ver algum progresso, são necessários meros 15 minutos por dia de dedicação aos exercícios, ao estudo de um

idioma ou ao desenvolvimento de uma nova habilidade. No fim de cada hora, talvez você fique desanimado, mas, se for diligente por três meses, terá resultados visíveis que fortalecerão sua confiança.

3. O tempo está passando. Comece agora a se dedicar à sua meta. O dia de conclusão pode estar longe, mas, se você não começar logo, no dia em que sua tarefa deveria estar concluída você estará de mãos vazias, não terá nada para mostrar. Para os que tiverem a coragem de enfrentar a realidade de terem desperdiçado tempo, a sensação será horrível, mas também um estímulo para que não permitam que isso se repita.

Plano de ação

1. Faça uma lista de metas práticas: aspirações que você costumava murmurar para si mesmo e outras que gostaria de alcançar. Seja honesto. Por mais tolas que pareçam, coloque-as no papel.

2. Agora, escreva ao lado de cada uma o que o impede de alcançá-la. Imagino que, pelo menos em algumas delas, você escreverá duas palavras: TEMPO e DINHEIRO. Não posso falar pela segunda, mas sei que todo ser humano tem a mesma quantidade de tempo por dia.

3. Faça uma análise do tempo do seu dia. Novamente, seja honesto. Você está aproveitando seu tempo ao máximo? Você navega pelos canais da TV, joga *videogames*, fica sentado à toa no bar ou em uma poltrona em sua casa?

4. Escolha uma meta e trace um plano de como irá alcançá-la.

5. Em poucas semanas ou meses, você alcançará a meta. Quando isso acontecer, você ficará motivado a conquistar algo ainda maior.

Caixa de diálogo

O que mais toma meu tempo?

1.

2.

3.

Quais sonhos tenho que parecem impraticáveis?

1.

2.

3.

Que medidas preciso tomar para realizar um desses sonhos?

1.

2.

3.

Advertência

Não se guie pelo tempo. Algumas pessoas conseguem programar o dia em segmentos de quinze minutos. É admirável, mas, a menos que você tenha certeza de que é um dos poucos que aproveita a vida dessa maneira, não queira ser como elas. Deixe espaço para a espontaneidade e oportunidades inesperadas.

Voando alto sobre o vale Fraser

Jud estava exultante. Estava realmente pilotando sozinho um avião a 300 pés da terra. A semana fora de trabalho duro, especialmente nos primeiros dois dias na escola primária. Embora já tivesse passado por isso antes, o instrutor insistiu em um curso de emergência intensivo a fim de revisar os diversos problemas envolvidos no vôo: tempo, mecânica, protocolo aéreo e segurança. Felizmente, Jud renovara sua licença de aluno de aviação duas vezes depois do curso, talvez devido à decisão inconsciente de manter seu sonho vivo.

No decorrer da semana, ele passou por volta de 20 horas no ar. Na sétima e última lição, ele e o instrutor fizeram circuitos sobre o território, agora familiar, da cidade de Langley, depois foram até o rio Fraser e praticaram pouso em algumas pistas de grama. Depois de voltar e pousar no aeroporto de Langley, Jud taxiou o Cessna 172 até o hangar, ao lado da escola de aviação. Terry, o instrutor, abriu a porta e saltou para fora rapidamente.

— Muito bem, Jud, faça um circuito sozinho.

— Eu? Sozinho? — Jud arregalou os olhos.

— É, você está pronto para isso; basta lembrar-se do que eu lhe ensinei e tudo dará certo.

Depois, Terry fechou a porta e fez sinal de positivo, indicando que estava a uma distância segura do avião. Jud taxiou para a pista. A torre de controle liberou a decolagem. Jud acionou o manete, ajustou os flapes, acelerou e foi levantando o nariz do avião lenta e suavemente até começar a subir. Depois de algumas centenas de metros, fez duas manobras laterais até que o aeroporto ficou à sua esquerda. Olhando para baixo, podia ver os minúsculos carros, aviões e pessoas abaixo no chão. Jud abriu um largo sorriso que ia de um canto a outro do rosto.

— Estou voando. Estou mesmo voando.

Jud olhou para o horizonte ao seu redor e desceu um pouco umas duas vezes.

— *Estou manobrando o avião e pilotando sozinho!* — *festejou.*

Ao sobrevoar o golfo Newlands e o Country Club, fez outra mano-bra lateral e preparou-se para a aproximação final. O pouso não foi tão perfeito quanto ele gostaria, mas, depois de taxiar para o hangar onde Terry o aguardava, o controlador de tráfego aéreo cumprimen-tou-o pelo rádio.

— *Parabéns pelo seu primeiro vôo solo.*

Epílogo

"Vou vivendo com uma pequena ajuda de meus amigos."

JOHN LENNON, COMPOSITOR

"Não ensinamos nada a ninguém. Apenas ajudamos cada um a encontrar a resposta que está dentro de si."

GALILEU GALILEI, CIENTISTA E PENSADOR

Nova York, a fronteira final

Jud não conhecia Dave Turner e ficou surpreso quando ele reconheceu sua voz ao telefone.

— Você deve ser Jud. Sua voz é idêntica a de seu pai. Está indo para Nova York?

— Sim, marquei o vôo para esta noite. Chegarei amanhã de manhã.

— Muito bem. Dê-me algumas horas. Seu pai me pediu para emprestar-lhe alguns aparelhos, que preciso organizar. Você poderia me ligar novamente? Tudo estará pronto daqui a uma ou duas horas; então, saberei lhe dizer a que horas você pode passar aqui, tudo bem?

— Claro — Jud concordou.

— Seu pai era um bom homem, um grande homem, e estou ansioso para conhecê-lo — Dave disse.

— Obrigado, eu também.

Um escritório parecia um lugar improvável para terminar sua jornada de três meses. Jud estava curioso. Uma coisa era certa: não deveria subestimar a capacidade de seu pai de arquitetar uma surpresa. Ele não fazia a menor idéia do que esperar e nem tentou especular. Quando Jud ligou novamente, Dave perguntou se poderiam se encontrar às 13 horas.

— Claro, sem problema — Jud respondeu. Ele anotou o endereço de Dave e agradeceu por sua atenção.

— Sem problema, Jud. Faria qualquer coisa por seu pai.

Jud tentou dormir no vôo noturno para Nova York, mas estava apreensivo. Na noite seguinte, iria dormir em sua própria cama, quando, então, começaria o verdadeiro desafio: voltaria à rotina em que sua vida havia se transformado ou teria a força interior para buscar as metas que anotara em seu diário? O vôo solo reforçara sua crença de que tudo era possível, mas ele receava que, quando voltasse ao ambiente familiar, o "músculo da memória" definharia, e ele voltaria a viver no piloto automático. Essa seqüência de pensamentos foi interrompida pelo choque do trem de pouso do avião na pista.

No terminal, Jud viu Kathryn.

— Parabéns pelo seu vôo solo — ela sussurrou em seu ouvido enquanto se abraçavam.

— Obrigado — ele respondeu. — Senti sua falta. Vamos embora daqui.

Eles saíram para pegar um táxi, com os braços firmemente entrelaçados em volta da cintura.

No táxi, Kathryn estava cheia de notícias e histórias para contar, nada de excepcional, mas notícias simples e comuns. Jud sentiu-se acalentado pela animação da esposa. Tinha tanta coisa para lhe contar, mas já era demais para aquele momento, por isso contentou-se *simplesmente em descrever a experiência do vôo solo e a alegria que sentiu quando foi cumprimentado pelo controlador de tráfego aéreo pelo rádio.* Ele mostrou a Kathryn o certificado solo e a foto dele radiante ao lado de Terry, seu instrutor de vôo.

Eles tinham algumas horas juntos antes do encontro às 13 horas, por isso foram passear no Central Park. Era um lindo dia de primavera.

— Então, sobre o que será essa reunião às 13 horas? — Kathryn perguntou.

— Não faço idéia — Jud disse. — Tudo que sei é que papai pediu ao seu amigo Dave uma ajuda técnica. Logo saberemos.

Atravessar fronteiras é estimulante, mas estressante. Não é apenas o fato de ser examinado, mas o medo do desconhecido à frente. Seja no Camboja, Canadá, na Croácia, em Cuba (já visitei todos esses países mais de uma vez), passar de um território para outro pode ser difícil, mas a curiosidade sobre o desconhecido nos impulsiona adiante. É natural sentir medo diante de coisas novas, mas a fé no futuro nos ajuda a superá-lo.

Às vezes, sentimos que a fé quer nos levar a novos patamares, mas o medo nos detém. Talvez você tenha enfrentado momentos em que, por mais que quisesse seguir em frente e achasse que deveria fazê-lo, o medo o impediu de voar, como se fosse uma águia presa ao chão. No entanto, a fé e o medo não precisam ser forças opostas. Ter medo é natural; ele serve para nos fazer recuar, questionar e analisar se uma atitude é boa e sensata. De certa forma, no exercício da fé, o elemento do medo ou a sensação de perigo está presente.

Podemos dizer que o medo é o limite da fé. Contudo, ele não deve ser relegado a um salto que devemos dar para alcançar nosso objetivo. Quando estamos prestes a realizar algo novo, a sensação de risco, o medo do perigo, aguça nossos sentidos e nos deixa alertas. É apenas uma fase transitória, que, aliás, não devemos atravessar com muita pressa, pois é nesse estado que nos tornamos mais alertas espiritualmente.

Em um capítulo anterior, disse que o amor nos impele a um nível maior de curiosidade, compaixão e celebração. No momento de nervosismo, somos capazes de experimentar essas dimensões da vida em abundância. Sim, eu tenho medo, mas sou curioso demais para deixar de seguir em frente. Descobrir a profusão de novas experiências e diferentes lugares é muito importante para mim e para aqueles que estimo. A perspectiva da aventura me impele a continuar, enquanto o medo amplia minha consciência. Quanto mais familiar a pessoa se tornar com o que a rodeia, sua rotina e sua vida, mais ela ficará surda, cega e apática às nuanças e alterações sutis do ambiente. No que se refere à reinvenção pessoal, o medo é mais forte na hora em que precisamos nos soltar. O planejamento e a preparação podem ser graduais, mas chega um momento em que é necessário abrir mão do que é familiar e confortável. E o que está para vir é muito melhor do que o que existia antes.

O medo nos alerta do risco

O medo nos adverte a ter cuidado. Só um idiota saltaria de *bungee-jump* de uma ponte amarrado a uma corda comprada numa loja não especializada. Você já fez rapel? Não há nada mais antinatural do que ficar à beira de um despenhadeiro e andar pelo paredão... de costas! É preciso muita coragem, confiança no equipamento, nas técnicas e na pessoa que controla a corda de segurança. A primeira vez que fiz, olhei nos olhos do instrutor e do assistente que controlavam a corda de segurança, em busca de um sinal de que estava tudo bem. Queria enxergar o amor! Essas pessoas eram confiáveis? Elas se importavam comigo? Senti muito medo. Assim que dei esse passo, assumindo um novo conjunto de regras, fiquei muito entusiasmado. Estava fazendo algo que considerava impossível, e era estimulante.

Mudança implica risco. Quer a mudança nos impulsione, quer resulte de nossa iniciativa, o risco inerente despertará algum tipo de medo: nossa família, nosso dinheiro e nossa reputação podem correr risco. Portanto, o gerenciamento de riscos deve ser levado muito a sério.

Então, o que o medo do desconhecido nos impele a fazer? Sugiro que você responda às seguintes perguntas:

1. Minhas decisões se baseiam em valores?
2. Parei para pensar e planejar?
3. A quem devo prestar contas?

De certa forma, as outras seções deste livro tratam dos dois primeiros pontos. No fim do livro, falarei sobre a importância da responsabilidade. Responsabilidade e transparência andam de mãos dadas. Ao considerar as possíveis mudanças em sua vida, procure ser transparente com seus amigos e sua família. Sugiro que, além deles, você busque um ou dois mentores para guiá-lo no processo de mudança.

Os consultores pessoais estão se tornando um recurso comum. Embora algumas pessoas hesitem diante da idéia de contratar esse tipo de profissional, outras acham que ele funciona. Um amigo meu, que é dono de uma empresa de comunicação bem-sucedida, tem quatro tipos de consultores pessoais: nutricionista, espiritual, de planejamento estratégico e treinador físico. Para ele, funciona. Seja um mentor confiável ou um profissional pago, o consultor pode ajudá-lo a mudar de vida ou a alcançar determinada meta de diversas formas:

1. Informação. O consultor normalmente tem mais experiência ou conhecimento que nós em um determinado assunto. Ele não é apenas alguém que nos ouve, mas que "já viveu ou já fez aquilo". Pense nele como um mentor, alguém para lhe dar dicas, conselhos e uma análise pessoal com o propósito de ajudá-lo a melhorar.

2. Responsabilidade. Além de dar conselhos, o consultor nos mantém responsáveis por nossas metas e nossos planos. Um bom consultor, além de ajudá-lo a determinar suas metas e sua estratégia, não permite que você se desvie delas. Para ele, a rota que você traçou para realizar seu sonho é mais importante do que o sonho em si. Um telefonema ou reunião semanal fará com que você mantenha a concentração e a disciplina ao realizar o que determinou.

3. Inspiração. O consultor comemora nossas conquistas e nos ajuda a nos recuperarmos de um fracasso. Um bom consultor nos ajuda a aprender com o erro, a seguir em frente e a melhorar com a experiência. Ele também nos ajuda a entender que cada vitória não é um fim em si, mas um passo na direção da próxima meta ou conquista. Ele nos ajuda a ver nossas derrotas e nossas vitórias.

Nunca é tarde demais para embarcar em uma nova aventura. A vida se completa com a alegria e a aventura de abraçar nossos sonhos! Este livro começou com o enigmático Benjamin Franklin e terminará com as palavras de outro americano famoso, Mark Twain:

> Daqui a vinte anos, você ficará mais desapontado pelas coisas que não fez do que pelas que fez. Então desfaça as amarras. Navegue para longe do porto seguro. Siga os ventos alísios que soprarem em suas velas. Explore. Sonhe. Descubra.

Amigos em Nova York

Jud chegou ao endereço desconhecido dez minutos adiantado. Ele pedira a Kathryn para acompanhá-lo, mas ela recusou o convite.

— Estarei no café da esquina — ela disse. — Ligue para o meu celular quando for embora. Podemos comer em um restaurante antes de pegar a balsa de volta a New Jersey, está bem? Há pouca comida em casa.

— Claro — Jud respondeu. — Não faço idéia do quanto esse encontro demorará nem do que acontecerá, mas a gente se vê depois.

Jud pegou o elevador para o 43º andar e seguiu as placas indicativas até a Ryco Digital Group. Lá, identificou-se para a recepcionista que imediatamente reconheceu seu nome e fez uma ligação. Três minutos depois, a porta do elevador se abriu e um homem alto, vestido num terno escuro, apareceu.

— Olá, Jud — o homem disse com um sorriso de milionário. — Meu nome é Dave Turner. Conheci muito bem seu pai e, quando ele me pediu esse favor, fiquei muito feliz em ajudá-lo. Siga-me; a sala de videoconferência está pronta.

Dave conduziu Jud pelo escritório sem divisórias. O carpete felpudo marcava cada pegada de seus pés, e Jud notou que, embora o lugar fosse muito dinâmico, o ambiente era tranqüilo. Eles passaram por uma ampla sala no canto; Jud viu o nome de Dave escrito na porta e o cargo de "Presidente", logo abaixo. A sala de videoconferência ficava ao lado do escritório de Dave. Jud teve apenas um instante para olhar para o lugar, pois assim que entraram Dave apertou um botão e venezianas silenciosamente cobriram as janelas, deixando a sala escura, exceto pela luz emitida de uma grande tela ao fundo.

— Sente-se, por favor. Tudo será revelado em alguns instantes — David pediu, oferecendo a Jud uma cadeira de frente para a tela.

De repente, uma imagem de vídeo do pai de Jud apareceu na tela. Ele estava na cama do hospital. Com uma voz que apenas sugeria o vigor de antes, ele disse:

Jud, você está no fim da jornada que lhe deixei de legado. Chega de envelopes, chega de surpresas. Tenho um último conselho a lhe dar. É quase certo que morrerei logo; o câncer que levou sua mãe veio me buscar também. Entretanto, quero que saiba que sou um homem feliz, e devo lhe agradecer. Jud, uma vez você disse que não gostaria de ficar como eu. Você me contou sobre o trato que fez com seus amigos em Londres há muitos anos e que cobrariam uns dos outros a busca de seus sonhos. Fiquei perturbado na época, mas admirei sua atitude, e isso me fez pensar sobre minha própria vida.

Quando sua mãe morreu, eu acordei. Até aquele momento, acreditava que minha carreira estava acima de tudo, mas a morte de sua mãe me fez perceber que a vida em si era mais importante e que deveria ser vivida com curiosidade, celebração e disposição para servir aos outros. Então, reorientei minha vida. Decidi deixar a empresa e abrir a consultoria, como você sabe. No entanto, também me envolvi em várias outras atividades, inclusive uma organização sem fins lucrativos que fundei, além de pintura, ciclismo e viagens. A consultoria pagava as contas, e comecei a apreciar muito mais minha vida profissional quando ela se tornou apenas uma dentre as diversas atividades nas quais me envolvi.

Tive a sorte de conhecer três pessoas que me inspiraram com a idéia de que é possível e saudável ter uma vida diversificada e equilibrada. Uma delas é David, que está sentado na sala com você. Ele foi gentil em preparar este encontro. As outras duas são Ted, em Pequim, e Judith, em Londres. Essas três pessoas me ensinaram muito. Não quero aborrecê-lo com os detalhes de nosso primeiro encontro, mas apenas lhe dizer que os conheço há dez anos. Vi-os crescerem em suas respectivas áreas de atuação e soube de seus fracassos. Não são pessoas que se dedicam a uma única atividade. Eles têm diversos interesses e todos atuam em algum tipo de serviço comunitário e assistencial. Eles concordaram, hoje, em ouvir a história de sua jornada. Talvez até compartilhem um pouco de sua própria experiência. Quero que vocês se conheçam. Eles são meus melhores amigos e os mentores nos quais mais confio. Não estou sugerindo que se tornem amigos; só quero que você conheça pessoas às quais devo muito porque me mostraram como viver plenamente.

Dessa forma, graças às maravilhas da tecnologia moderna, à generosidade de David e à disposição de Ted e Judith em acordarem nesta hora ingrata, vocês poderão desfrutar da companhia uns dos outros nas próximas duas horas. Creio que falar sobre sua jornada e as lições que aprendeu ajudará a esclarecer e a consolidar seus sonhos resgatados e suas metas.

Então, acho que está na hora de me despedir. Tenha certeza de que morro como um homem feliz. Eu te amo, Jud.

Jud segurou as lágrimas enquanto a imagem de seu pai desaparecia. As imagens de Judith e Ted apareceram. Ele estava constrangido, mas quando viu Judith enxugando o canto dos olhos com um lenço e Ted olhando direto para a câmera, mantendo os olhos bem abertos para não derramar a lágrima que se formava, sentiu-se mais à vontade.

— Olá, Jud — eles disseram em coro.

— Seu pai era um homem especial que fez algo especial por você. Estamos curiosos para saber como foi sua aventura — disse Judith.

— Somos todos ouvidos! — Ted recostou-se na cadeira e sorriu.

Pós-escrito

Há seis meses, Jud voltara para casa e se organizara. Os detalhes de sua aventura ao redor do mundo começavam a desvanecer-se, mas ele tinha plena consciência de que havia mudado. A videoconferência em Nova York foi importante. Judith, Ted e David não apenas ouviram a história de sua viagem, mas o questionaram sobre seus sonhos, valores e espiritualidade. Jud achou que a sessão foi libertadora. Todos lhe disseram para manter o contato. Depois da videoconferência, Dave levou Jud ao seu escritório.

— Seu pai disse que aprendeu conosco, mas, na verdade, ele era nosso mentor.

Jud e Dave conversaram mais alguns minutos; depois, levantaram-se e apertaram as mãos.

— Não jogue fora os últimos três meses — Dave disse enquanto segurava sua mão. — Use-os como um trampolim para fazer escolhas de qualidade em sua vida. Esteja certo de que estaremos atentos e manteremos contato. Pense em nós como uma junta consultora informal. Ligue sempre que quiser.

Com a ajuda deles e o total apoio e participação de Kathryn, Jud voltou para casa e sua nova vida. Ela tinha os mesmos critérios, mas agora Jud acordava todos os dias com a sensação de uma nova aventura. Ele se sentia vivo.

Eram quatro horas da tarde de sábado. Jud tinha um e-mail *e duas cartas para escrever. O* e-mail *era para Robert e Sarah, com quem conversara poucas horas depois de chegar em sua casa meses atrás. Ele telefonara para os dois, contando sobre a viagem. Ele também lhes prometera que os manteria informados sobre a busca das metas que estabelecera.*

Oi, Robert e Sarah.

Espero que estejam bem. Faz alguns meses desde que nos falamos e prometi lhes contar sobre meu progresso. Bem, para ser franco, fiquei contente quando a viagem terminou. Conhecer o mundo é ótimo, mas realmente "não há nada como voltar para casa". E minha casa está bem melhor agora! Coisas que antes eram corriqueiras agora parecem muito mais interessantes. É como se tivesse ligado a antena. Estou reparando em pessoas, aromas e atividades que antes me passavam despercebidos. Poderia citar muitas outras coisas, mas prometi informá-los sobre algumas decisões que estava considerando. Bem, é o seguinte:

1. *Primeiro, Kathryn e eu decidimos não esperar mais: vamos ter um filho. Ele virá em cinco meses. Estamos muito animados! Depois da aventura que meu pai preparou para mim, percebi o quanto é importante passar a história e o conhecimento da família para uma nova geração. Também quero deixar um legado para alguém. Só lamento ter demorado tanto para concordar com algo que Kathryn sempre quis, mas antes tarde do que nunca.*
2. *Não vou continuar a pilotar. Realizei meu sonho: pilotar sozinho um avião. Estou satisfeito com meu feito.*
3. *Decidi continuar na empresa mais dois anos e depois sair. Talvez me torne consultor ou até monte um negócio com Kathryn.*
4. *Mantive o regime de boa forma, mas agora estou correndo quase 10 km em dias alternados. Kathryn, que era mais preparada fisicamente do que eu, persuadiu-me a me inscrever em uma meia-maratona daqui a três meses. Estou gostando do treina-*

mento, mas estou um pouco nervoso com a idéia de realmente participar de uma competição.

5. *Finalmente, acho que é relevante o fato de agora estarmos ajudando a angariar fundos para uma ONG que trabalha nas Filipinas, a fim de promover a agricultura orgânica e o desenvolvimento sustentável. A necessidade é grande, mas voltei para casa convencido de que cada um deve fazer a sua parte. Roberto, o amigo filipino sobre o qual lhes falei, foi o intermediário, e estou feliz em dizer que continuamos mantendo contato.*

6. *Também estou envolvido em um pequeno projeto financeiro na África. Trabalharei no escritório americano, que procura desenvolver estratégias e criar o fundo disponibilizado a trabalhadores rurais que precisam ter acesso a um capital com baixos custos, concedido sob termos indulgentes para ajudá-los a escapar de seu estado de pobreza incapacitante. Estou animado com o potencial. Parece que se encaixa perfeitamente em minha formação de economista e em minha nova visão de ser um doador, e não apenas beneficiário. Certamente vocês terão mais notícias a respeito.*

7. *Como vocês sabem, não sou muito de ir à igreja, mas agora estou indo quase todos os domingos assistir ao culto com Kathryn. Acho enriquecedora a experiência de dedicar uma hora por semana à reflexão e à meditação.*

8. *Finalmente, decidimos convidar meu irmão Grant para passar as próximas férias de verão conosco. Não sei qual será sua reação, mas espero que decida vir.*

Por enquanto é só. E vocês, como estão? Como vai a nova linha de produtos, Robert? Você já abriu a filial em Taipé? E o curso de extensão em clínica geral, Sarah, já terminou? Aguardo notícias dos dois. Jud.

Jud pressionou o botão "enviar" no computador e começou a escrever numa folha de papel.

Querido Grant:

Tenho ótimas lembranças do tempo em que passamos juntos na Nova Zelândia. Desculpe-me se pareci distante, mas ainda estou me acostumando à idéia de ter um irmão. Quanto mais penso nisso e reflito sobre os dias em que passamos juntos, mais fico animado com a idéia de conhecê-lo melhor. Que tal vir nos visitar e passar algumas semanas conosco nas próximas férias de verão (seu inverno)? Se ajudar, podemos inclusive marcar alguns encontros com possíveis distribuidores para o seu vinho aqui.

Espero que venha. E aguardo notícias suas.

Seu irmão, Jud.

Jud recostou-se na cadeira e olhou para fora da janela por um instante. O coro do amanhecer comemorava um novo dia, e a grama recém-aparada perfumava a bela manhã de outono. Dali a pouco, ele sairia para o treino da corrida; já estava ansioso para isso, mas ainda havia uma última carta a escrever. Abriu uma gaveta e pegou um cartão postal que tinha comprado na Tanzânia. Olhou para a foto do monte Kilimanjaro por um momento, lembrando-se da escalada, depois virou-o e começou a escrever.

Papai:

Obrigado. Sinto sua falta, mas sei que deixou uma parte de si mesmo para mim. Tenho boas notícias: você e mamãe serão avós. Sinto por isso não acontecer antes, pois sei que você seria um grande avô.

Papai, você jamais saberá o quanto lhe sou grato por ter pensado em mim, mesmo em meio ao seu sofrimento. A aventura que você me deu ensinou-me muitas lições sobre como ter uma vida plena e feliz. Tenha certeza de que não desperdiçarei o investimento que fez em mim. Minha vida será um tributo a você.

Te amo.

Jud.

Conheça outras obras da Editora Vida

Por que eu faço isso todo dia?

Consultor e instrutor de carreira, Fraser Dyer analisa o descontentamento de muitos profissionais quando o assunto é vida profissional e oferece um caminho de avaliação a muitos adultos que não sabem o que fazer quando crescer. A premissa de que "ter sentido" advém em grande parte da vida profissional leva o autor a definir a idéia de "vocação" e a defender que a necessidade motivacional mais importante a ser atingida é o nosso potencial. Recorrendo a relatos verídicos e sugerindo exercícios práticos, esse livro terá a aprovação de todos os que se sentem frustrados no trabalho e desejam encontrar um sentido real no que fazem todos os dias.

Imitar é limitar

Em seu estilo marcante, John Mason incentiva o leitor a ter coragem de ser o que Deus planejou para sua vida. Dicas fáceis de ler, lembrar e repletas de verdades enchem cada página deste livro, encorajando, desafiando e motivando o leitor a uma vida abundante:

- Ouse ser quem você é.
- Aprenda a ficar à vontade com sonhos grandiosos.
- Sucesso vem da coragem em dar pequenos passos.
- Medo é fé ao avesso.

"Quando você tenta ser parecido com alguma outra pessoa, a melhor posição que alcança é o segundo lugar."

acesse o *site* www.editoravida.com.br

Esta obra foi composta em *Agaramond* e impressa por
Imprensa da Fé sobre papel *Off Set 63* g/m^2 para Editora
Vida em outubro de 2007.